U0040157

やりなおしの高校数学

鑑図会縮

數學圖鑑

擺脫挫折、提升數感，用圖像記憶取代死背公式

永野裕之
日本全國最強數理補習班
「永野數學塾」創辦人◎著

洪萬生
前師範大學數學系教授兼主任 ◎審訂

衛宮紘◎譯

序言

　　各位知道岡潔嗎？岡老師是日本昭和時期有名的數學家之一，尤其在多變數解析函數論上，更是當時世界的第一把交椅。歐美研究人員評論他的偉大功績説：「實在無法想像這是一個人完成的成就。Kiyosi Oka（岡潔的羅馬拼音）難道不是某個數學家集團的筆名嗎？」

　　在獲頒每日出版文化獎的《春夜十話》（春宵十話）散文集中，岡老師寫道：**「在這世間，或許有些人認為不需要輕鬆的數學。然而，數學是照亮暗夜的曙光，雖然我們在白天不需要它，但對這個世間來說卻是不可欠缺的。」**

　　學習數學能夠獲得**解決問題的能力**，以及傳達自我思維、不讓他人誤解的表達能力。數學是「照亮暗夜的曙光」，能夠鍛鍊自我思索的能力。當沒有人帶頭照亮前方的道路，必須仰賴自己的腳步、思維來前進，數學鍛鍊出來的邏輯思考力肯定會帶來幫助。

　　本書盡可能藉由圖示、插圖來直觀地理解數學思維。但是，僅只如此，邏輯思考的訓練可能顯得不足，所以多數定理、公式會另外在「延伸」以數學式來證明。想要迅速掌握概念的人，可以先跳過「延伸」的部分，待有閒暇的時候再仔細研讀。另外，後半部收錄了各節相關的大學試驗，並在篇幅允許範圍內詳述解答、解說，其中也包含了日本東京大學及京都大學的入學問題。期望各位能夠使用前半部學到的定理、公式，細細體會**解決這些問題的方法**。

　　本書並未網羅日本高中數學的所有單元，但嚴選了在高中數學容易感到挫折的內容。若是透過閱讀本書，有「**當時說的那個是這個意思啊！**」的想法，筆者我會感到欣喜萬分。

永野裕之

目錄

【專欄】

Cup or cap?

第1章 集合與邏輯

集合的基礎

石頭

剪刀

布

◤ 集合與元素

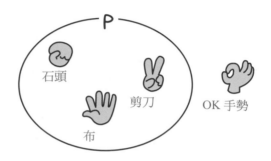

如同「猜拳手勢」，「範圍明確的事物團體，稱為集合（set）；而集合裡所含的各別事物，稱為該集合的元素（element）。」比如，假設「猜拳手勢」的集合為 P，則「石頭、剪刀、布」就是 P 的元素。

一般來說，a 為集合 A 的元素，記為 $a \in A$；b 不 為集合 A 的元素，記為 $b \notin A$。

在上述例子，**石頭** $\in P$，但 **OK 手勢** $\notin P$。

◤ 集合的表示方式

①$P = \{$石頭, 剪刀, 布$\}$　②$P = \{x \mid x$ 為猜拳的手勢$\}$

集合有兩種表示方式，其中一種是在 $\{\ \}$ 中列出所有元素；另一種是先以 x 等適當文字（可使用喜歡的文字）代表元素，再於縱線（$\mid$）的右邊寫出滿足元素的條件[1]。

---

[1] 條件也可用數學式表示。比如，1 以上 10 以下的所有實數集合 D，可表為 $D = \{x \mid 1 \leqq x \leqq 10\}$。

部分集合與包含關係

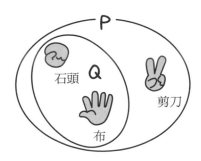

假設有 P = {石頭, 剪刀, 布} 和 Q = {石頭, 布} 兩個集合，則集合 Q 含於集合 P 裡頭。此時，集合 Q 稱為集合 P 的部分集合（subset），記為 $Q \subset P$。

一般來説，當兩集合的其中一方為另一方的部分集合，則兩集合之間存在包含關係（inclusion relation）。

交集與聯集

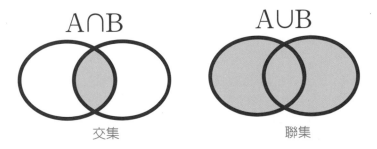

對於兩集合 A、B，既屬於 A 又屬於 B 的所有元素集合，稱為交集（intersection）；至少屬於 A、B 其中一邊的所有元素集合，稱為聯集（union），符號分別如下表示：

∩ 讀作 cap；
∪ 讀作 cup 喔。

A 和 B 的交集：$A \cap B$
A 和 B 的聯集：$A \cup B$

◤宇集合與補集

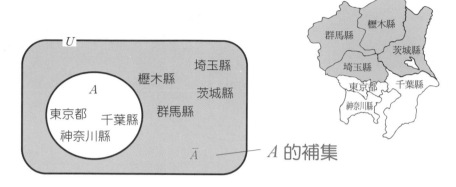

A 的補集

對於已知的集合 U，僅討論 U 的部分集合時，集合 U 稱為宇集合（universal set）。而對於宇集合 U 的部分集合 A，屬於 U 但不屬於 A 的所有元素集合，稱為 A 的補集（complement），記為 $\overline{A}$。

> 例　令關東地區的都道府縣，也就是 {東京都, 埼玉縣, 千葉縣, 神奈川縣, 茨城縣, 櫪木縣, 群馬縣} 為宇集合 U 時，關於 U 的部分集合 A = {東京都, 千葉縣, 神奈川縣}，

$$\overline{A} = \{埼玉縣, 茨城縣, 櫪木縣, 群馬縣\}$$

◤笛摩根法則

關於 $A \cap B$ 和 $A \cup B$ 的補集，下述法則成立[*2]：

$$\overline{A \cap B} = \overline{A} \cup \overline{B}$$
$$\overline{A \cup B} = \overline{A} \cap \overline{B}$$

這稱為笛摩根法則（De Morgan's law）。

不同的地方只有正中間的符號。

◤條件的否定

對於某條件 p，條件「非 p」稱為條件 p 的否定，符號記為 $\overline{p}$。

> 例　若條件 p 為「資金 1 億元以上」，則 $\overline{p}$ 為「**資金未滿 1 億元**」。

---

*2 證明在下一頁。

◤「且」「或」的否定

已知宇集合為 U，假設滿足條件 p、q 的元素集合分別為 P、Q，則 $\bar{p}$、「p 且 q」「p 或 q」的集合分別如下所示：

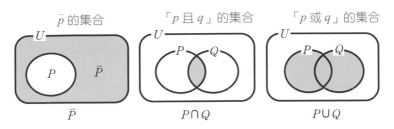

根據笛摩根法則，條件 p、q 滿足下述等式：

$$\overline{p\text{ 且 }q} = \bar{p}\text{ 或 }\bar{q} \qquad \overline{p\text{ 或 }q} = \bar{p}\text{ 且 }\bar{q}$$

⚲ 「資金 1 億元以上**且**職員 100 人以上」的**否定**為

「資金未滿 1 億元**或**職員未滿 100 人」

「喜歡咖哩飯**或**喜歡壽司」的**否定**為

「討厭咖哩**且**討厭壽司」

⚑延伸 【證明】笛摩根法則[*3]

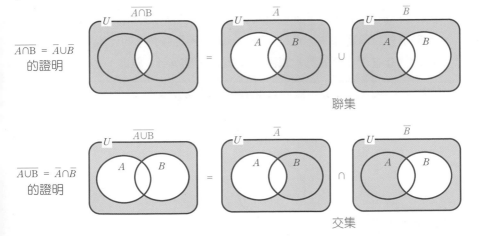

$\frac{1}{2}$ 必要條件與充分條件

> 許多人感到棘手的「必要條件」和「充分條件」，辨別訣竅是較大的為「必要條件」、較小的為「充分條件」。

命題

能夠明確判斷正確與否的句子、式子，稱為命題（proposition）。

（例）①若是長方形，則為平行四邊形。

②富士山是日本第一高的山峰。

③若是質數，則為奇數。

另外，命題正確時，稱該命題為真；不正確時，稱該命題為假。在上述例子中，①、②為真，③為假（2 是質數但非奇數）。

包含關係與命題的真假

命題多是以兩項條件 p、q 表為「若 p 則 q」的形式，或者該形式的變形。命題「若 p 則 q」的符號記為

$$p \Rightarrow q$$

p 稱為該命題的假設（assumption）；q 稱為該命題的結論（conclusion）。

一般會假設滿足條件 p 的元素集合為 P、滿足條件 q 的元素集合為 Q，當 **P 和 Q 之間存在 $P \subset Q$ 的包含關係（11 頁），則 $p \Rightarrow q$ 為真**。

（例）p：居住東京都 q：居住日本 的時候 $p \Rightarrow q$ 為真。

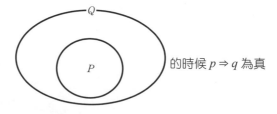

的時候 $p \Rightarrow q$ 為真

▚ 必要條件與充分條件

$p \Rightarrow q$ 為真的時候，稱 p 是 q 的充分條件（sufficient condition）、q是 p 的必要條件（necessary condition）。

當滿足條件 p 的元素集合，和滿足條件 q 的元素集合之間存在包含關係，則範圍**較小的條件為充分條件、範圍較大的條件為必要條件**。

例 已知「居住東京都⇒居住日本」為真，則居住東京都是（居住日本的）充分條件、居住日本是（居住東京都的）必要條件。

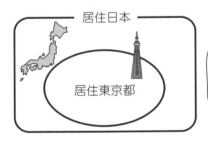

居住東京：充分條件
居住日本：必要條件

其中，$p \Rightarrow q$ 和 $q \Rightarrow p$ 皆為真的時候，稱 q 是 p 的充分必要條件（necessary and sufficient condition），也可稱 p 是 q 的充分必要條件。此時，p 和 q 互為等價（equivalence），符號記為

$$p \Leftrightarrow q$$

例 「日本的成年人⇒年齡 20 歲以上」和「年齡 20 歲以上⇒日本的成年人」共同為真，所以「年齡 20 歲以上」是「日本的成年人」的充分必要條件（「日本的成年人」是「年齡 20 歲以上」的充分必要條件），兩者互為等價。

逆反命題

> 「若不懂英文，就不是社會人士」等含有複數「否定」的表述，有時難以判斷正確與否。此時，不妨使用「逆反命題」吧。

▸逆命題、反命題、逆反命題

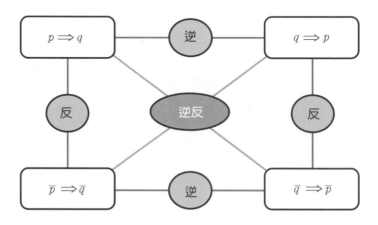

某命題「**互換假設和結論的命題**」稱為原命題的逆命題（converse）；「**分別否定假設與結論的命題**」稱為原命題的反命題（obverse）；「**互換假設和結論並且分別否定的命題**」稱為原命題的逆反命題（contraposition）。

換言之，對於命題 $p \Rightarrow q$，

$q \Rightarrow p$ 是 $p \Rightarrow q$ 的**逆命題**

$\overline{p} \Rightarrow \overline{q}$ 是 $p \Rightarrow q$ 的**反命題**

$\overline{q} \Rightarrow \overline{p}$ 是 $p \Rightarrow q$ 的**逆反命題**

逆反命題
特別重要！

例 對於「若居住東京都，則住在日本」，
逆命題是「若居住日本，則住在東京都」；
反命題是「若不居住東京都，則不住在日本」；
逆反命題是「若不居住日本，則不住在東京都」。

真假難辯的命題換成逆反命題討論

某命題與其逆反命題的真假（正確與否）會一致。

換言之，若 $p \Rightarrow q$ 為真，則 $\bar{q} \Rightarrow \bar{p}$ 也為真；若 $p \Rightarrow q$ 為假，則 $\bar{q} \Rightarrow \bar{p}$ 也為假。

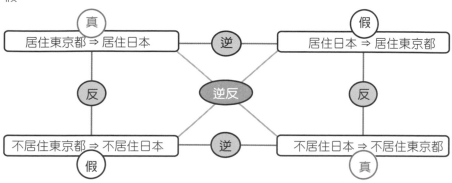

真假難辨的命題通常**換成逆反命題後就變得容易判斷**。

例 「若不懂英文，就不是社會人。」……不容易判斷真假
↓
逆反命題「若是社會人，就懂英文」……容易判斷真假（假！）

延伸 某命題與其逆反命題真假一致的理由

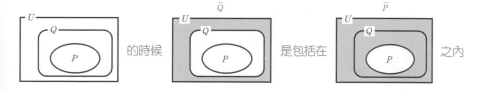

已知宇集合為 U，假設滿足條件 p、q 的所有集合分別為 P、Q，當 $p \Rightarrow q$ 為真的時候，也就是 $P \subset Q$ 的時候，$\bar{Q} \subset \bar{P}$ 明顯成立。因此，$\bar{q} \Rightarrow \bar{p}$ 也為真。

例 已知 P 為居住東京、Q 為居住日本、U 為居住地球的集合，則 $\bar{P}$ 為居住東京都以外的地方、$\bar{Q}$ 為居住日本以外的地方。此時，$\bar{Q}$（居住日本以外的地方）含於 $\bar{P}$（居住東京都以外的地方），所以 $\bar{Q} \subset \bar{P}$ 成立。

反證法

> 　　證明 $p \Rightarrow q$ 為真的方法有推導 q 成立的直接證明，和推導「q 成立以外的情況不可能發生」的間接證明。國中會在幾何單元學到直接證明，進入高中後會學習間接證明的代表方法——反證法。

反證法的步驟

　　推導 $p \Rightarrow q$ 為真的反證法（reduction to absurdity）步驟如下：

（1）假設欲證明結論的否定 $\bar{q}$ 成立

（2）推導該假設矛盾

　　為什麼這樣能夠證明？光看步驟或許有些人會摸不著頭緒。這或許是因為反證法多用於難解的命題（簡單的命題通常會直接證明，輪不到反證法出場），所以許多人才對反證法抱持著困難的印象吧。但簡單來說就是「**因為〇〇成立不合理，所以〇〇不成立**」，反證法的邏輯意外單純。

　　例如，在刑事案件中有不在場證明可證明無罪，因為欲證明結論的否定，也就是假設「嫌疑犯有罪」，和有不在場證明（犯罪時刻不在現場）矛盾。這正是反證法的例子。

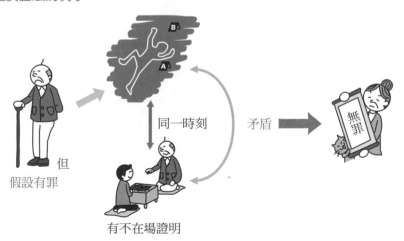

同一時刻　矛盾　無罪

但
假設有罪

有不在場證明

使用反證法的證明①

用反證法作為例子，來證明時光機永遠無法被開發出來吧。

但 矛盾

假設總有一天
會被開發出來

沒有未來人
的紀錄

時光機不會
被開發出來

首先，**假設「時光機總有一天會被開發出來」**，但自有歷史紀錄以來，未在任何文物中發現未來人的紀錄，與假設**矛盾**。因此，時光機不會被開發出來[*4]。

使用反證法的證明②

古希臘時代的歐幾里得（Euclid）在《幾何原本》證明了質數（2 以上且因數只有 1 和自己本身的整數）存在無限多個，該證明使用了反證法。

證明

假設質數的個數全部有 n 個（n 為有限整數），n 個質數由小到大依序命名為 p_1、p_2、p_3、……、p_n（裡頭包含了所有的質數），p_n 為最大的質數。令

$$P = p_1 \times p_2 \times p_3 \times \cdots\cdots \times p_n$$

接著兩邊加 1

$$P + 1 = p_1 \times p_2 \times p_3 \times \cdots\cdots \times p_n + 1$$

$P+1$ 無法被 p_1、p_2、p_3、……、p_n 任一數整除（皆會餘 1）。這表示 $P+1$ 是跟 p_1、p_2、p_3、……、p_n 皆不同的質數，而且明顯可知 $P+1$ 大於 p_n。換言之，$P+1$ 是比原本應為最大質數 p_n 還要大的質數，與假設**矛盾**。因此，質數存在無限多個。（證畢）

[*4] 這邊不考慮平行世界的說法（雖然我個人並不討厭）。

Probably win

第 2 章　情況數與機率

$\frac{2}{1}$ 情況數

在算物體數量時，當總數不多，用手指來數 1、2、3……並不會很辛苦，但若物體數量超過某種程度，就需要找出規則，分成不同情況有效率地計數。這也是為什麼就職試驗等會經常出現情況數的問題。

◤四種計數方式

某事件可能發生的情況總數稱為情況數（number of cases）。在討論情況數時，首先要確認**「是否考慮順序」**和**「是否允許重複」**。比如，討論從A、B、C三個文字選出兩個文字的情況數吧。

	考慮順序	不考慮順序
	排列	組合
不允許重複	AA AB AC / BA BB BC / CA CB CC	AA AB AC / BA BB BC / CA CB CC
	$_3\mathrm{P}_2 = 3 \times 2 = 6$〔種〕	$_3\mathrm{C}_2 = \dfrac{3 \times 2}{2 \times 1} = 3$〔種〕
	重複排列	重複組合
允許重複	AA AB AC / BA BB BC / CA CB CC	AA AB AC / BA BB BC / CA CB CC
	$_3\Pi_2 = 3^2 = 9$〔種〕	$_3\mathrm{H}_2 = \dfrac{4 \times 3}{2 \times 1} = 6$〔種〕

如同上圖，情況數有四種計數方式。後面會連同符號的意義依序講解。

階乘

開始講解情況數之前，先來複習情況數計算公式中會出現的階乘（fac-torial）。

一般來說，對於正整數 n，**乘積 $n \times n-1 \times n-2 \cdots \times 2 \times 1$ 稱為 n 的階乘**，記為 $n!$。比如，$4! = 4 \times 3 \times 2 \times 1 = 24$。據說因為像下階梯一樣每次乘上減 1 的數，才取階乘這個名字。

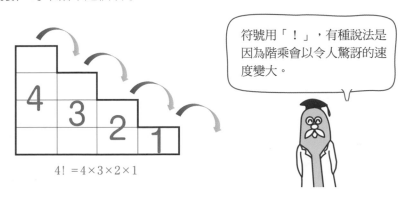

$4! = 4 \times 3 \times 2 \times 1$

符號用「！」，有種說法是因為階乘會以令人驚訝的速度變大。

另外，0 的階乘約定俗成為 $0! = 1$ [*1]。

排列（考慮順序、不允許重複的情況數）

比如，討論從 A、B、C 三人中選出隊長和副隊長的情況數。

隊長候補

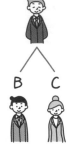
A

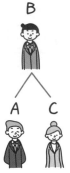
B

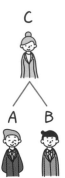
C

副隊長候補　B　C　　　A　C　　　A　B

---

*1 理由請見下一頁的註腳。

隊長的選法為從三人選出一人，所以有 3 種情況。副隊長的選法為從未被選為隊長的兩人選出一人，所以有 2 種情況。換言之，從三人隊伍選出隊長和副隊長的情況數為 $3 \times 2 = 6$，可知共有 **6 種**情況。

　　這個例子**需要考慮選出順序**（隊長為 A→副隊長為 B 的情況，和隊長為 B→副隊長為 A 的情況，兩者的隊伍氣氛會不同吧）且**不允許重複**。一般來說，考慮順序的情況數稱為排列（permutation）。如同上一頁的例子，從相異三個（人）不允許重複地選出兩個（人）的排列數，取英文的字頭記為 $_3\mathrm{P}_2$。如上所示，$_3\mathrm{P}_2 = 3 \times 2 = 6$。$_3\mathrm{P}_2$ 也可用階乘表示

> 換成階乘表示就能夠公式化嘛。

$$_3\mathrm{P}_2 = 3 \times 2 = \frac{3 \times 2 \times 1}{1} = \frac{3!}{1!} = \frac{3!}{(3-2)!}$$

例

$$_5\mathrm{P}_3 = 5 \times 4 \times 3 = \frac{5 \times 4 \times 3 \times 2 \times 1}{2 \times 1} = \frac{5!}{2!} = \frac{5!}{(5-3)!} = 60$$

$$_{10}\mathrm{P}_4 = 10 \times 9 \times 8 \times 7 = \frac{10 \times 9 \times 8 \times 7 \times 6 \times 5 \times 4 \times 3 \times 2 \times 1}{6 \times 5 \times 4 \times 3 \times 2 \times 1} = \frac{10!}{6!} = \frac{10!}{(10-4)!} = 50$$

使用階乘公式化**從相異 n 個允許重複地選出 r 個的排列數 $_n\mathrm{P}_r$**。

$$_n\mathrm{P}_r = \frac{n!}{(n-r)!}$$

其中，$r = n$ 時 [*2]，

$$_n\mathrm{P}_n = \frac{n!}{(n-n)!} = \frac{n!}{0!} = \frac{n!}{1} = n!$$

表為**將相異 n 個全部排列的排列總數**。

組合（不考慮順序、不允許重複的情況數）

　　這次來討論從 A、B、C 三人選出兩人前往便利商店買午餐的情況數。此時，選的順序無論是 A→B 還是 B→A，出門的兩人都是 {A, B}，所以**不需要考慮順序**。換言之，情況數有 {A, B}、{B, C}、{C, A} 三種。

---

*2 約定俗成 $0! = 1$，是為了讓 $_n\mathrm{P}_r$ 的公式在 $_n\mathrm{P}_n$ 時也成立。

一般來說，不需考慮順序的情況數稱為組合（combination）。在這次的例子中，一人（理所當然）不會被選到 2 次，所以**不允許重複**。

相異三個（人）不允許重複選出兩個（人）的組合數，也是取英文字頭記為 $_3C_2$。如上所述，$_3C_2 = 3$。以下來試著討論 $_3C_2$ 和 $_3P_2$ 的關係。

$$_3C_2 \text{ 種} \begin{cases} \{A、B\} & \Rightarrow & A{\to}B、B{\to}A \text{ 種} \\ \{B、C\} & \Rightarrow & B{\to}C、C{\to}B \text{ 種} \\ \{C、A\} & \Rightarrow & C{\to}A、A{\to}C \text{ 種} \end{cases}$$

比如，從三個選兩個的組合之一 $\{A, B\}$，全部排列的排列數為 A→B 和 B→A 的 $_2P_2 = 2!$ 種。$\{B, C\}$、$\{C, A\}$ 也是同樣的情形，所以由 $_3C_2$ 種的組合全部排列可得 $_3C_2 \times 2!$ 種排列。這樣得到 A→B、B→A、B→C、C→B、C→A、A→C，這不是跟從相異三個選出兩個排列的排列數 $_3P_2$ 相同嗎？因此，下式成立：

$$_3C_2 \times 2! = {}_3P_2 \quad \Rightarrow \quad {}_3C_2 = \frac{_3P_2}{2!}$$

一般來說，**從相異 *n* 個不允許重複選出 *r* 個的組合數 $_nC_r$**，可如下表示：

$$_nC_r = \frac{_nP_r}{r!}$$

$$_5C_3 = \frac{_5P_3}{3!} = \frac{5 \times 4 \times 3}{3 \times 2 \times 1} = 10 \qquad _{10}C_4 = \frac{_{10}P_4}{4!} = \frac{10 \times 9 \times 8 \times 7}{4 \times 3 \times 2 \times 1} = 210$$

另外，從 A、B、C 三人選出兩人前往便利商店的情況數，會等同於選出一人留守公司的情況數，所以 $_3C_2 = {_3C_1}$。同理，從相異 n 個選出 r 個的組合數，會等同於從相異 n 個選出 $n-r$ 個的組合數，所以下式成立：

$$_nC_r = {_nC_{n-r}}$$

重複排列（考慮順序、允許重複的情況數）

在 A、B、C 三人隊伍中遺落了錢包和雨傘，試討論物主共有幾種情況。

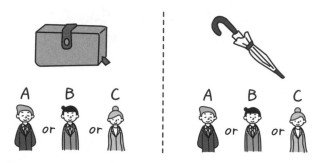

假設按照錢包→雨傘的順序尋找物主。當然，A→B（錢包的物主是 A、雨傘的物主是 B）和 B→A（錢包的物主是 B、雨傘的物主是 A）是不同的情況，所以**需要考慮順序**。另外，這邊也需要考慮兩者物主為同一人的情況，所以**允許重複**。因此，情況共有 $3 \times 3 = 9$ 種。

這樣的排列稱為重複排列（repeated permutation），符號記為 $_3\Pi_2$[*3]。使用這個符號後，上述計算變成 $_3\Pi_2 = 3 \times 3 = 3^2$。

一般來說，從相異 n 個允許重複選出 r 個的重複排列數 $_n\overset{n}{\underset{i=1}{\Pi}} r$，可如下表示：

$$_n\Pi_r = n^r$$

---

*3 Π（pi）是 π 的大寫，相當於英文字母 P 的希臘文字。

重複組合（不考慮順序、允許重複的情況數）

A、B、C 三人隊伍收到兩罐作為慰問品的咖啡，喝到咖啡的人的情況數共有幾種呢？其中，同一人有可能喝到兩罐。兩罐咖啡沒有區別，**不需要考慮順序（組合）**，又同一人可以喝到兩罐，所以**允許重複**。

喝到咖啡的人，有 {A, A}、{A, B}、{A, C}、{B, B}、{B, C}、{C, C} 六種情況，（如上圖所示）**這可對應兩罐咖啡和兩個區隔（｜）的排列**。此排列數等同於從①～④四處選出兩個咖啡場所的情況數（如此一來，自動會決定區隔的場所），所以喝到咖啡的情況數，可計算求得 $_4C_2 = {_4}P_2 \div 2! = (4 \times 3) \div (2 \times 1) = 6$〔種〕。

如同上述，從相異三個（人）允許重複選出兩個（人）的組合稱為重複組合（repeated combination），符號記為 $_3H_2$[*4]。換言之，$_3H_2 = {_4}C_2$。

一般來說，**從相異 n 個允許重複選出 r 個的重複組合數**，會等同於用來區別 n 個而準備 $n-1$ 個區隔，和 r 個○共計 $n-1+r=n+r-1$ 的排列數。因為**與從 $n+r-1$ 個選出 r 個的組合數相等**，所以下式成立：

$$_nH_r = {_{n+r-1}}C_r$$

（例） $_5H_3 = {_{5+3-1}}C_3 = {_7}C_3 = 35$

---

*4 符號 H 的由來難以考究，可能是取齊次乘積（homogeneous product）的字頭。

$\dfrac{2}{2}$ 機率的基礎

出社會後，最常聽到的數學用語可能是「機率」。但是，機率也可說是人類直覺和數學結果最不一致的概念。正因為如此，對機率的理解不足可能造成日常生活上的麻煩，需要小心注意。

▰ 什麼是機率？

1	3	5
2	4	6

投擲骰子時，無法事前知道會不會出現偶數點。然而，（若非形狀歪曲的骰子）擲出多少點具有相同程度的可能性，擲出偶數點的比例可預期為 $\dfrac{3}{6} = \dfrac{1}{2}$。如同上述，**表示某事件可能發生的程度數值**，稱為機率（probability）。

▰ 機率的用語（試驗、樣本空間、事件）

想要確切定義機率，需要先熟習下述用語：

試驗（trial）：可反覆多次，且結果受到隨機因素影響的行為。

⊙例 投擲骰子、投擲硬幣。

樣本空間（sample space）：進行某試驗能夠得到的所有結果集合。

⊙例 投擲骰子試驗的樣本空間為 {1, 2, 3, 4, 5, 6}。
投擲硬幣試驗的樣本空間為 {正, 反}

事件（event）：樣本空間的一部分（樣本空間的部分集合）

⊙例 「擲出偶數點」是投擲骰子試驗的事件之一。
「擲出正面」是投擲硬幣試驗的事件之一。

機率的定義

$$U\ (n\ 個)$$

e_1	e_2	e_3	...	...	...	...	...
		E (m 個)					
...	...	...	...	...	e_{n-2}	e_{n-1}	e_n

事件 E 的機率是……？

當某試驗的樣本空間 $U = \{e_1, e_2, \cdots, e_n\}$，$e_1, e_2, \cdots e_n$ 的**發生具有相同可能性**[5]，且事件 E 的元素數為 m，**事件 E 的機率**如下所示[6]：

$$P(E) = \frac{m}{n} = \frac{\text{事件 } E \text{ 的元素數}}{\text{樣本空間 } U \text{ 的元素數}}$$

「相同可能性」是什麼意思？

討論機率時，最需要注意的是樣本空間中的每個事件（稱為**基本事件**）是否具有**相同可能性**，也就是**確認**能否同等預期基本事件的發生。比如，討論由 {晴、陰、雨、雪} 四種天氣組成的樣本空間時，因為各個基本事件發生的機率不具相同可能性，所以不能說「降雪的機率為 $\frac{1}{4}$」。

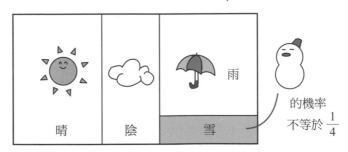

雨

晴　　陰　　雪

的機率不等於 $\frac{1}{4}$

---

[5] 參見下一項。
[6] $P(E)$ 是「Probability（機率）of E」的縮寫。

$\frac{2}{3}$ 和事件的機率與機率的加法定理

[討論兩個事件的機率時，可能會將兩個事件機率相加、相乘或者混合加乘。分別瞭解其中的不同，是理解高中數學機率的第一步。]

▰ 積事件與和事件

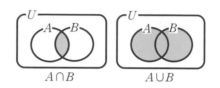

$A \cap B$ $A \cup B$

一般來說，某試驗存在 A 和 B 兩事件時，「A 和 B 皆發生」的事件稱為積事件（product event），記為 $A \cap B$；「A 和 B 至少發生其中一個」的事件，稱為 A 和 B 的和事件（sum event），符號記為 $A \cup B$。[7]

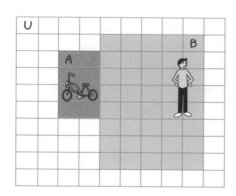

U：全部職員（100 人）

A：腳踏車通勤（20 人）

B：男性職員（40 人）

A∩B：腳踏車通勤且是男性職員（12 人）

▰ 積事件的機率與和事件的機率

比如，隨機攔住走出公司門口的職員，假設攔住的職員甲腳踏車通勤的事件為 A、攔住的職員為男性的事件為 B。此時，$A \cap B$（積事件）為「攔住的職員用腳踏車通勤且是男性」；$A \cup B$（和事件）為「攔住的職員用腳踏車通勤或是男性」。

---

*7 若將事件想成集合，積事件是交集、和事件是聯集（11 頁）。

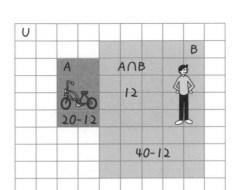

已知全部職員有 100 人、汽車通勤有 20 人、男性職員有 40 人、腳踏車通勤且是男性職員有 12 人，走出門口的職員為隨機並具有相同可能性。

假設**事件 A 的元素數為** $n(A)$ [*8]，則

$$n(U)=100 \text{、} n(A \cap B)=12$$

所以，**積事件** $A \cap B$ **的機率** $P(A \cap B)$ 會是

積事件 $A \cap B$ 是「A 且 B」、和事件 $A \cup B$ 是「A 或 B」。

$$P(A \cap B) = \frac{n(A \cap B)}{n(U)} = \frac{12}{100} = \frac{3}{25}$$

而和事件的元素數，由上圖可知

$$\begin{aligned}
n(A \cup B) &= (20-12)+12+(40-12) \\
&= 20+40-12 \\
&= n(A)+n(B)-n(A \cap B)
\end{aligned}$$

所以，**和事件的機率** $P(A \cup B)$ 通常可如下計算：

$$P(A \cup B) = \frac{n(A \cup B)}{n(U)} = \frac{n(A)+n(B)-n(A \cap B)}{n(U)} = \frac{n(A)}{n(U)} + \frac{n(B)}{n(U)} - \frac{n(A \cap B)}{n(U)}$$

$$\Rightarrow \quad P(A \cup B) = P(A)+P(B)-P(A \cap B)$$

---

*8 $n(A)$ 是「numbr of A」的縮寫。

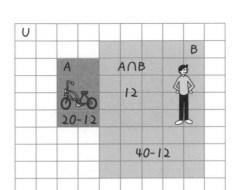

互斥事件與機率的加法定理

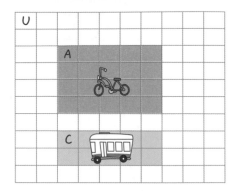

U：全部職員（100人）

A：腳踏車通勤（20人）

C：公車通勤（10人）

　　如同上一頁的例子，隨機攔住走出公司門口的職員，假設攔住的職員用腳踏車通勤的事件為 A、攔住的職員搭公車通勤的事件為 C。如果使用汽車和公車通勤的職員為 0，則事件 A 和事件 C 絕不會同時發生。

　　如同上述，當兩事件絕對不會同時發生，兩事件稱為**互斥事件**（exclusive event）。

　　兩事件 A 和 C 為互斥事件時，A 和 C 積事件的元素數為 $n(A \cap C)=0$，所以 $P(A \cap C)=0$。因此，由上一頁的「和事件的機率」可得下式：

$$P(A \cup C)=P(A)+P(C)-P(A \cap C)=P(A)+P(C)-0$$
$$\Rightarrow \quad P(A \cup C)=P(A)+P(C)$$

這稱為**機率的** 加法定理（addition formula）。

　　在上述例子中，攔住的職員用腳踏車通勤或公車通勤的機率 $P(A \cup C)$ 會是

$$P(A \cup C)=P(A)+P(C)=\frac{20}{100}+\frac{10}{100}=\frac{3}{10}$$

▰獨立事件的機率

比如，你下班後在電車裡是坐著還站著的試驗，和家人準備的晚餐是日式、西式還是中式的試驗，兩者的結果互不相關、完全沒有影響。像這樣**兩試驗互不影響另一方的結果**時，這樣的試驗稱為獨立（independent）。

假設下班後在電車裡坐著還是站著的試驗為 S。晚餐是日式、西式還是中式的試驗為 T。接著，假設試驗 S 的宇集合為 U_1、試驗 T 的宇集合為 U_2，則 $U_1 = \{$坐著, 站著$\}$、$U_2 = \{$日式, 西式, 中式$\}$。

進行試驗 S、T 時，可能發生的情況數為 $n(U_1) \times n(U_2)$，也就是 2×3 種。現在，（為了簡化問題）假設所有事件具有相同可能性。

這邊假設試驗 S 中坐下的事件為 A，試驗 T 中西式的事件為 B，試驗 S 發生事件 A 且試驗 T 發生事件 B 的事件為 C，則 $A = \{$坐著$\}$、$B = \{$西式$\}$、$C = \{$坐著・西式$\}$，所以 $n(A) = 1$、$n(B) = 1$、$n(C) = 1$，其中 $n(C)$ 可以想成 $n(C) = n(A) \times n(B)$。

由上可知，

$$P(C) = \frac{n(C)}{n(U_1) \times n(U_2)} = \frac{n(A) \times n(B)}{n(U_1) \times n(U_2)} = \frac{n(A)}{n(U_1)} \times \frac{n(B)}{n(U_2)} = P(A)P(B) = \frac{1}{2} \times \frac{1}{3} = \frac{1}{6}$$

一般來說，在**進行兩獨立事件 S、T 時**，假設 S 發生事件 A、T 發生事件 B 的事件為 C，則事件 C 的機率可如下計算：

$$P(C) = P(A)P(B)$$

重複試驗的機率

[　據說許多人從重複試驗的地方開始不懂機率，但若在這節好好學習，能夠複習到各種過去所學的東西。]

餘事件的機率

　　講解重複試驗之前，先來說明餘事件的觀念。

　　對於事件 A，A 不發生的事件稱為 A 的餘事件（complementary event），記為 $\overline{A}$。事件 A 和其餘事件互斥（不會同時發生），所以可使用**加法定理**（32頁）。換言之，$P(A \cup \overline{A}) = P(A) + P(\overline{A})$。

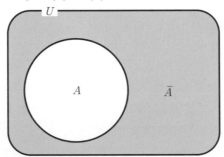

　　已知宇事件為 U，由上圖可知 $A \cup \overline{A} = U$，所以

$$P(A) + P(\overline{A}) = P(A \cup \overline{A}) = P(U) = 1$$

因此，對於**餘事件的機率**，下式成立：

$$P(\overline{A}) = 1 - P(A)$$

　　已知十支籤中有三支中獎籤，試求同時抽出的兩支籤中至少有一支是中獎籤的機率。假設「至少有一支籤中獎」的事件為 A，則 $\overline{A}$ 為「兩支都未中獎」[*9]，所以

$$P(\overline{A}) = 1 - P(A)$$
$$\Rightarrow P(A) = 1 - P(\overline{A}) = 1 - \frac{{}_{7}C_{2}}{{}_{10}C_{2}} = 1 - \frac{\dfrac{7 \times 6}{2 \times 1}}{\dfrac{10 \times 9}{2 \times 1}} = 1 - \frac{21}{45} = \mathbf{\frac{24}{45}}$$

[*9] 「兩支都未中獎」的情況數是從七支未中獎籤選出兩支的情況數，也就是 ${}_{7}C_{2}$。

重複試驗

連續投擲骰子數次，每次試驗不會影響其他試驗，所以試驗分別獨立。反覆進行這樣的獨立試驗，稱為重複試驗（repeated trials）。

比如，有五題問題中答對四題就合格的測驗，所有問題都是電腦讀卡的四選一選擇題。那麼，在隨意作答的情況下，通過測驗的機率為多少呢？其中，假設作答各問題的行為是彼此相互獨立的試驗。

因為是四選一選擇題，所以每題問題的答對機率為 $\frac{1}{4}$。又答對四題以上就合格，需要分成五題全數答對和五題答對四題來討論。

假設作答第一題的試驗為 T_1、作答第二題的試驗為 T_2……，各題答對的事件分別為 A_1、A_2……。

（ⅰ）五題全數答對的場合

試驗 $T_1 \sim T_5$ 中事件 $A_1 \sim A_5$ 全部發生的情況。假設該事件為 B，因為 $T_1 \sim T_5$ 各試驗相互獨立，使用 33 頁「獨立試驗的機率」可得

$$P(B) = P(A_1)P(A_2)P(A_3)P(A_4)P(A_5) = \frac{1}{4} \times \frac{1}{4} \times \frac{1}{4} \times \frac{1}{4} \times \frac{1}{4} = \left(\frac{1}{4}\right)^5 = \frac{1}{1024}$$

（ⅱ）五題答對四題的場合

試驗 $T_1 \sim T_5$ 中事件 $A_1 \sim A_5$ 發生四起事件的情況。答對問題記為○、答錯問題記為×，則事件 $A_1 \sim A_5$ 中發生 A_1、A_2、A_3、A_4 的情況，

使用「獨立事件的機率」，此情況的機率為

$$P(A_1)P(A_2)P(A_3)P(A_4)P(\overline{A_5}) = \frac{1}{4} \times \frac{1}{4} \times \frac{1}{4} \times \frac{1}{4} \times \frac{3}{4} = \left(\frac{1}{4}\right)^4 \left(\frac{3}{4}\right)^1$$

同理，事件 $A_1 \sim A_5$ 中發生 A_1、A_2、A_3、A_5 的情況，

第一題　第二題　第三題　第四題　第五題

$$P(A_1)P(A_2)P(A_3)P(\overline{A_4})P(A_5) = \frac{1}{4} \times \frac{1}{4} \times \frac{1}{4} \times \frac{3}{4} \times \frac{1}{4} = \left(\frac{1}{4}\right)^4 \left(\frac{3}{4}\right)^1$$

結果，其他情況的計算結果也相同。

同時，五題答對四題的情況數，會等同於從五個□選出四處插入○的情況數，共有 $_5C_4 = 5$ 種。

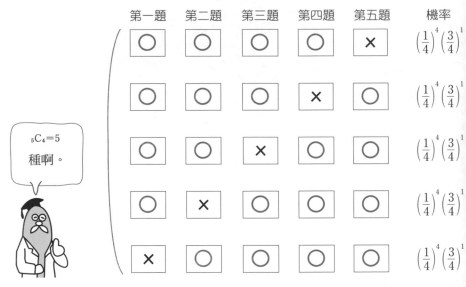

這五種情況的機率分別為 $\left(\frac{1}{4}\right)^4 \left(\frac{3}{4}\right)^1$，彼此互斥（不會同時發生）。因此，假設五題答對四題的事件為 C，由機率的加法定理（32 頁）可得

$$P(C) = \left(\frac{1}{4}\right)^4\left(\frac{3}{4}\right)^1 + \left(\frac{1}{4}\right)^4\left(\frac{3}{4}\right)^1 + \left(\frac{1}{4}\right)^4\left(\frac{3}{4}\right)^1 + \left(\frac{1}{4}\right)^4\left(\frac{3}{4}\right)^1 + \left(\frac{1}{4}\right)^4\left(\frac{3}{4}\right)^1$$

$$= 5 \times \left(\frac{1}{4}\right)^4\left(\frac{3}{4}\right)^1 = {}_5C_4 \times \left(\frac{1}{4}\right)^4\left(\frac{3}{4}\right)^1 = \mathbf{\frac{15}{1024}}$$

欲求機率為「答對四題以上的機率」＝「答對五題或者答對四題的機率」，又答對五題和答對四題也互斥，由加法定理可得

$$P(B \cup C) = P(B) + P(C) = \frac{1}{1024} + \frac{15}{1024} = \frac{16}{1024} = \mathbf{\frac{1}{64}} = \mathbf{0.015625}$$

換言之，完全沒有準備挑戰該測驗合格的機率約為 1.6%。

> 完全沒讀書也有 1.6% 的機率合格！

重複試驗的公式

一般來說，某試驗中事件 A 發生的機率會假設為 $P(A) = p(0 \leq p \leq 1)$，在反覆該試驗 n 次的重複試驗中，事件 A 恰巧發生 k 次的機率如下：

$$\mathbf{{}_nC_k\,p^k(1-p)^{n-k}} \quad \mathbf{(0 \leq k \leq n)}$$

n 個

| A | $\bar{A}$ | $\bar{A}$ | A | $\cdots$ | $\bar{A}$ | A |

$$\boxed{{}_nC_k} \times \boxed{p^k} \times \boxed{(1-p)^{n-k}}$$

選擇箱子裝入　　發生　　　（$\bar{A}$ 發生 $n-k$ 次）
A 的情況數　　k 次

事件 A 發生 k 次時，餘事件 $\bar{A}$ 會發生 $n-k$ 次。而事件 A 發生的機率為 p 時，餘事件 $\bar{A}$ 發生的機率會是 $1-p$。

例　投擲骰子 6 次，一點出現 4 次的機率[*10] 為

$${}_6C_4\left(\frac{1}{6}\right)^4\left(\frac{5}{6}\right)^{6-4} = {}_6C_2\left(\frac{1}{6}\right)^4\left(\frac{5}{6}\right)^2 = \frac{6 \times 5}{2 \times 1} \times \frac{5^2}{6^6} = \frac{125}{15552}$$

---

*10 ${}_nC_r = {}_nC_{n-r}$ 利用 (26 頁) 的 ${}_6C_4 = {}_6C_2$

$\dfrac{2}{5}$ 條件機率

[
　　在日本，條件機率原本是到理組高三才會學到的單元，可能許多人已經不太記得了，但最近教材改到數學 I 學習。條件機率也會用在最前端的貝氏統計上，是相當重要的概念。
]

▰條件機率

　　比如，已知某產品的 60% 由第一工廠生產，剩餘的 40% 由第二工廠生產，又第一工廠的生產不良率為 10%、第二工廠的生產不良率為 5%。

		不良品						
	第一工廠					第二工廠		

　　這邊來討論隨機收集完成品並從中選出一個產品的試驗。假設選出第一工廠產品的事件為 A、產品為不良品的事件為 B。

　　將選出的產品為第一工廠產品的同時，該產品為不良品的機率，也就是事件 A 發生的同時，事件 B 也發生的機率記為 $P_A(B)$，一般稱為**事件 A 發生時事件 B 發生**的條件機率（condition probability）。在上述例子中，$P_A(B)=10\%$。

▰機率的乘法定理

　　$P(A \cap B)$ 和 $P_A(B)$ 容易混淆，需要小心注意。我們可用下一頁的圖來理解差異。

　　在各基本事件具有相同可能性的試驗 U，已知 $n(U)=u$、$n(A)=a$、$n(B)=b$、$n(A \cap B)=z$。

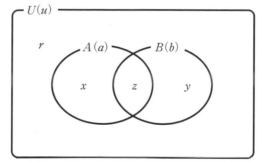

※$A(a)$ 表示「集合 A 的元素數為 a」。

又如同上圖，假設各區域的元素數為 x、y、z、r。

$P(A \cap B)$ 是宇集合 U 中的 $A \cap B$ 的機率，所以

$$P(A \cap B) = \frac{z}{u} = \frac{\boldsymbol{z}}{\boldsymbol{x+y+z+r}} \quad \cdots ①$$

另一方面，$P_A(B)$ 是在 A 發生的前提下 B 發生的機率，所以分母的元素數會是 $a(=x+z)$。也就是

$$P_A(B) = \frac{z}{a} = \frac{\boldsymbol{z}}{\boldsymbol{x+z}} \quad \cdots ②$$

①和②的**分子相同但分母不同**。另外，$P(A)$ 是

$$P(A) = \frac{a}{u} = \frac{x+z}{x+y+z+r} \quad \cdots ③$$

由①～③可得

$$P(A \cap B) = \frac{z}{x+y+z+r} = \frac{x+z}{x+y+z+r} \times \frac{\boldsymbol{z}}{\boldsymbol{x+z}} = P(A) \times P_A(B)$$

$$\Rightarrow \quad \boldsymbol{P(A \cap B) = P(A) \times P_A(B)}$$

這稱為**機率的** 乘法定理（multiplication rule）。

例 在上一頁隨機收集完成品並從中取出一個的試驗，$A \cap B$ 的機率，也
就是完成品為第一工廠的產品且為不良品的機率，如下所示：

$$P(A \cap B) = P(A) \times P_A(B) = \frac{60}{100} \times \frac{10}{100} = \frac{6}{100} = \frac{3}{50}$$

$A \cap B$ 和 $B \cap A$ 是相同的概念。換言之，上一頁的乘法定理**形式上**也可寫成

$$P(A \cap B) = P(B \cap A) = P(B) \times P_B(A) \quad \cdots④$$

由上一頁的圖可知[11]

$$P(B) = \frac{b}{u} = \frac{z+y}{x+y+z+r}$$

$$= \frac{z}{x+y+z+r} + \frac{y}{x+y+z+r} = P(A \cap B) + P(\overline{A} \cap B) \quad \cdots⑤$$

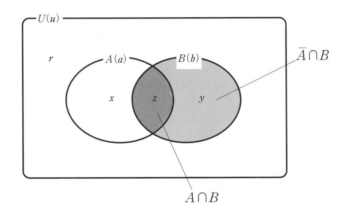

由④、⑤可得

$$P(B) \times P_B(A) = P(A \cap B)$$

$$\Rightarrow \quad P_B(A) = \frac{P(A \cap B)}{P(B)}$$

$$\Rightarrow \quad P_B(A) = \frac{P(A \cap B)}{P(A \cap B) + P(\overline{A} \cap B)}$$

這樣變形式子有什麼意義？

這個 $P_B(A)$ 的計算方式，稱為貝氏定理（Bayes' theorem）。

前面只是**形式上的變形**，接著來講數學上的意義。若兩事件 A 和 B 依照 $A \to B$ 的順序發生，左式的 $P_B(A)$ 是求「**B 發生時 A 發生的機率**」。**時間軸顛倒**

---

[11] $\overline{A} \cap B$ 意為「非 A 且 B」。

過來了。假設 A 為「原因」、B 為「結果」，「B 發生時 A 發生的機率」可改寫成「某結果（B）發生時某原因（A）發生的機率」。

換言之，若使用 $P_B(A)$，可求出結果 B 發生的原因為 A 的機率。

例 以前面的工廠為例試求選出不良品時，該不良品產自第一工廠的機率 $P_B(A)$。

因為選出第二工廠產品的機率 $P(\overline{A})＝40\%$、第二工廠產品為不良品的機率 $P_{\overline{A}}(B)＝5\%$，由 39 頁機率的乘法定理可得

$$P(\overline{A} \cap B)＝P(\overline{A}) \times P_{\overline{A}}(B)＝\frac{40}{100} \times \frac{5}{100}＝\frac{2}{100}＝\frac{1}{50}$$

由 39 頁的計算可知

$$P(A \cap B)＝\frac{3}{50}$$

代入貝氏定理，則欲求機率如下：

$$P_B(A)＝\frac{P(A \cap B)}{P(A \cap B)+P(\overline{A} \cap B)}＝\frac{\dfrac{3}{50}}{\dfrac{3}{50}+\dfrac{1}{50}}＝\frac{3}{3+1}＝\frac{3}{4}$$

由下圖可知，此計算結果表示對於全部的不良品（8 格分），不良品產自第一工廠的比例。

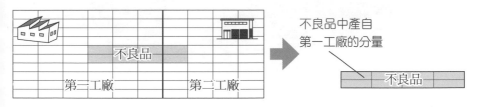

不良品

第一工廠　　　　　第二工廠

不良品中產自
第一工廠的分量

不良品

$$P_B(A)＝\frac{\boxed{}}{\boxed{\text{不良品}}}＝\frac{6}{8}＝\frac{3}{4}$$

Stone throw, it is Fun-ction.

第3章 函數

函數的基礎

> 我想應該沒有人不曉得函數這個詞。高中數學的主角說是函數也不為過。但是，當被問到函數是什麼時，能夠有自信地回答出來嗎？

▧ 所謂的「函数」

若 $y = x^2 + 1$ 則

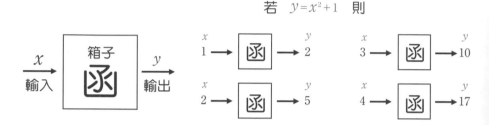

「y 是 x 的函數（function）」意指「**某變量 x 值對應的變量 y 為一固定值**」。

函數剛從中國傳進日本時，漢字就是寫成「函数」。「函」是指箱子，所以「y是x的函數」相當於「y是x的箱號」的意思。也就是將x值輸入某「函（箱子）」，根據x值輸出對應的y值，一語中的道出「y是x的函數」＝「y是x輸入箱子後出現的數」，所以還挺好理解的。

「y 是 x 的函數」的英譯為「y is a function of x」，數學式記為 $y = f(x)$。在函數 $y = f(x)$，**值 a 對應的固定 y 值寫成 $f(a)$**。

> 這就是「函数」啊！

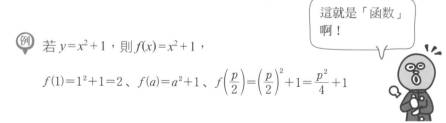

例 若 $y = x^2 + 1$，則 $f(x) = x^2 + 1$，

$$f(1) = 1^2 + 1 = 2，f(a) = a^2 + 1、f\left(\dfrac{p}{2}\right) = \left(\dfrac{p}{2}\right)^2 + 1 = \dfrac{p^2}{4} + 1$$

函數的條件

　　y 是 x 的函數的必要條件是，對於 x 的輸入值輸出一固定的 y 值。請將這當作是**函數箱子足以信賴的條件**。這個條件必要的理由，可以想像自動販賣機來理解。

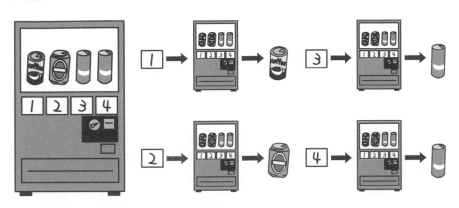

　　自動販賣機這個箱子的輸入是按鈕，輸出是商品。假設有一台如上圖的自動販賣機，如果每次都按下自動販賣機的「1」按鈕（已經投入硬幣），卻掉出不同的商品，這台自動販賣機就不能信賴了吧？為了讓自動販賣機、函數都是能夠信賴的箱子，輸入（按鈕）必須對應一個固定的輸出（商品）。

能夠相信　　　　　　　　　　不能相信

另一方面，按下前頁自動販賣機的「3」或者「4」跑出運動飲料，並不構成欠缺信賴的理由。同理，請注意函數箱子的輸出也不需要對應特定的輸入。

例 $y=x^2$ 時，x 的值選定好後能夠決定一個 y 的值，所以 y 是 x 的函數，但即便 y 的值固定為 1，x 的值可能為 1 或者 -1。因此，$y=x^2$ 時，x 不是 y 的函數。

y 是 x 的函數時，x 稱為自變數（independent variable），y 稱為應變數（dependent variable），自變數值的範圍稱為定義域（domain），應變數值的範圍稱為值域（range）。

$y=f(x)$ 的圖形是滿足 $y=f(x)$ 的點集合。

函數圖

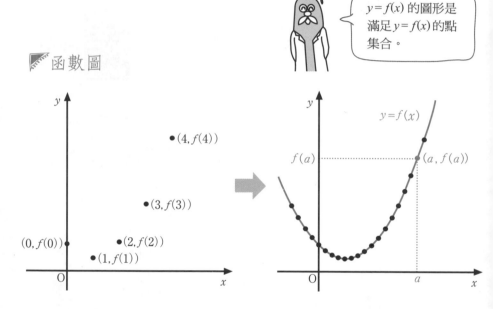

將 $x=0, 1, 2, 3, \cdots\cdots$ 等具體數值代入函數 $y=f(x)$，在 xy 座標平面上標出對應（$0, f(0)$）、（$1, f(1)$）、（$2, f(2)$）、（$3, f(3)$）……等的點後，可畫出 $y=f(x)$ 的圖形。換言之，$y=f(x)$ 的圖形是滿足 $y=f(x)$ 的點集合。這也可說成**圖形上的點座標（$a, f(a)$）必定會滿足（能夠代入）$y=f(x)$；非圖形上的點座標（無論是哪一點座標）都無法滿足（不能代入）$y=f(x)$。**

圖形的平行移動

一般來説，$y=f(x)$ 的圖形往 x 方向平行移動 $+p$、往 y 方向平行移動 $+q$ 的圖形數學式，會是將 $y=f(x)$ 的 x 和 y 分別代入

$$x \to x-p \text{、} \quad y \to y-q \quad 得（詳細理由如下）$$

$$y-q=f(x-p) \quad \Rightarrow \quad y=f(x-p)+q \quad \cdots ①$$

延伸 圖形平行移動的詳細操作

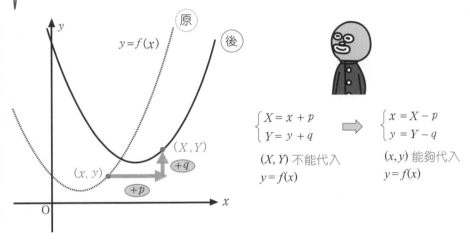

假設 $y=f(x)$ 圖形上的點 (x,y) 移動至 (X,Y)，由上圖可知 $X=x+p$、$Y=y+q$。但是，**(X, Y) 不能代入 $y=f(x)$**，因為 (X, Y) 不在 $y=f(x)$ 圖形上。不過，若將 (x,y) 重新寫成 $x=X-p$、$y=Y-q$，(x,y) 是原 $y=f(x)$ 圖形上的點，所以**能夠代入 $y=f(x)$**（代入後等號成立）。實際代入得

$$Y-q=f(X-p) \quad \Rightarrow \quad Y=f(X-p)+q \quad \cdots ②$$

(X,Y) 為平行移動後圖形上的點、②式為 (X,Y) 的關係式，所以②是平行移動後圖形上的點滿足的式子，也就是平行移動後的圖形數學式。假設平行移動後的點為 (X,Y)，是為了跟原圖形上的點區別，但若不用擔心混亂，②的 (X,Y) 可以改寫成 (x,y)。如此一來，就能夠得到上面的①。

二次函數

> 還記得配方法的式子變形嗎？配方法是高中數學中重要的式子變形，經常用於二次函數圖形。

配方法的要素

由乘法公式 $(x+y)^2 = x^2 + 2mx + m^2$ 可得下式。我私自將其稱為「配方法的要素」。

配方法的要素 $\quad x^2 + 2mx = (x+m)^2 - m^2$

除 2　　平方

例

$$x^2 + 6x = (x+3)^2 - 9, \quad x^2 - 5x = \left(x - \frac{5}{2}\right)^2 - \frac{25}{4}, \quad x^2 + kx = \left(x + \frac{k}{2}\right)^2 - \frac{k^2}{4}$$

配方法

將二次式 $ax^2 + bx + c$ 配成 $a(\cdots\cdots)^2 +$ 常數的形式，稱為配方法（completing the square）。使用上述「配方法的要素」，可如下操作：

配方法

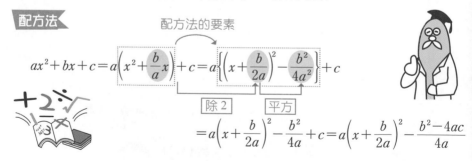

配方法的要素

$$ax^2 + bx + c = a\left(x^2 + \frac{b}{a}x\right) + c = a\left[\left(x + \frac{b}{2a}\right)^2 - \frac{b^2}{4a^2}\right] + c$$

除 2　　平方

$$= a\left(x + \frac{b}{2a}\right)^2 - \frac{b^2}{4a} + c = a\left(x + \frac{b}{2a}\right)^2 - \frac{b^2 - 4ac}{4a}$$

例

$$3x^2 + 6x + 9 = 3(x^2 + 2x) + 9 = 3\{(x+1)^2 - 1\} + 9$$
$$= 3(x+1)^2 - 3 + 9 = 3(x+1)^2 + 6$$

二次函數的圖形

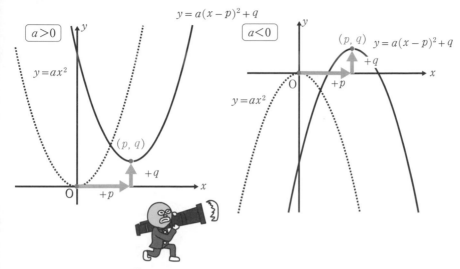

如同 47 頁「圖形的平行移動」所學，$y = a(x - p)^2 + q$ 的圖形是 $y = ax^2$ 的圖形（通過原點的拋物線[*1]）**往 x 方向平行移動 $+p$、往 y 方向平行移動 $+q$** 的圖形[*2]。因此，$y = a(x - p)^2 + q$ 的圖形頂點為 (p, q)。

想要將二次函數 $y = ax^2 + bx + c$ 變形成 $y = a(x - p)^2 + q$ 的形式，需要使用配方法。

例 $y = -x^2 + 4x - 5$ 時
由 $y = -x^2 + 4x - 5 = -(x^2 - 4x) - 5 = -\{(x-2)^2 - 4\} - 5 = -(x-2)^2 - 1$，
可知 $y = -x^2 + 4x - 5$ 的頂點為 $(2, -1)$

二次函數的最大值與最小值

不僅限於二次函數，只要畫出圖形就能知道函數的最大值、最小值。

比如，$y = -x^2 + 4x - 5 (0 \leq x \leq 3)$ 時，
由右圖可知
最大值：$y = -1$（**$x = 2$ 的時候**）
最小值：$y = -5$（**$x = 0$ 的時候**）

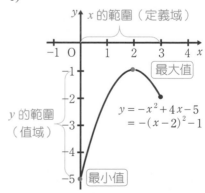

---

*1 在國中數學學過 $y = ax^2$ 的圖形是通過原點的拋物線。
*2 在 $y = ax^2$，將 x 代入 $x - p$、y 代入 $y - q$ 後，可得 $y = a(x - p)^2 + q$。

三角函數

[　三角函數出現各式各樣的公式，許多人都曾背誦「賽摳賽、摳賽賽」
等加法定理，但這邊請試著透過圖解直觀理解各公式吧。]

三角函數的定義與相互關係

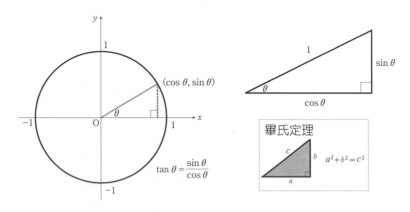

$$\tan \theta = \frac{\sin \theta}{\cos \theta}$$

畢氏定理

$a^2 + b^2 = c^2$

　三角函數（trigonometric function）的定義如下：

三角函數的定義

　（$\cos \theta, \sin \theta$）是以原點為中心、半徑為 1 的圓（稱為單位圓）周上，從 x 軸正向逆時針取角度 θ 的點座標。另外，$\tan \theta$ 定義為 $\tan \theta = \dfrac{\sin \theta}{\cos \theta}$。

　由此定義可知，三角函數具有下述**相互關係**：

(1)　$\cos^2 \theta + \sin^2 \theta = 1$ 、(2)　$\tan \theta = \dfrac{\sin \theta}{\cos \theta}$

由(1)和(2)可推導下述關係式：

(3)　$1 + \tan^2 \theta = \dfrac{1}{\cos^2 \theta}$

(1)可由直角三角形的畢氏定理證明喔。

◢ 弧度法

表示角度的方式除了一圈 360°的**度數法**（360 度法），還有以**弧長對扇形半徑的比例**表示角度的弧度法（radian）。弧度法的單位為 **rad**[3]。

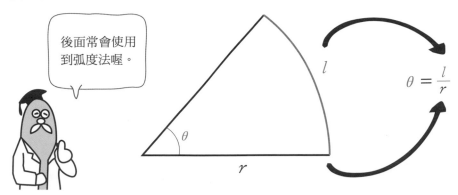

後面常會使用到弧度法喔。

$$\theta = \frac{l}{r}$$

這邊來討論弧度法和度數法的對應。若以度數法表示半徑 r、弧長 l 的扇形角度為 $a°$，則

$$l = 2\pi r \times \frac{a°}{360°} = \frac{a°}{180°}\pi r \quad \Rightarrow \quad \theta = \frac{l}{r} = \frac{\frac{a°}{180°}\pi r}{r} = \frac{\boldsymbol{a°}}{\boldsymbol{180°}}\pi \ \text{〔rad〕}$$

⊙例 $30° = \frac{\pi}{6}$ 〔rad〕、$45° = \frac{\pi}{4}$ 〔rad〕、$60° = \frac{\pi}{3}$ 〔rad〕
$90° = \frac{\pi}{2}$ 〔rad〕、$180° = \pi$ 〔rad〕、$360° = 2\pi$ 〔rad〕

若以弧度法表示角度，則扇形弧長和面積可如下表示：

$$l = r\theta$$
$$S = r^2\pi \times \frac{\theta}{2\pi} = \frac{1}{2}r^2\theta$$

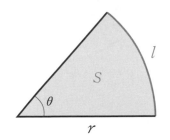

$$l = r\theta$$

$$S = \frac{1}{2}r^2\theta$$

---

*3 以弧度法表示角度時，經常省略單位「rad」。

三角函數的常用數值

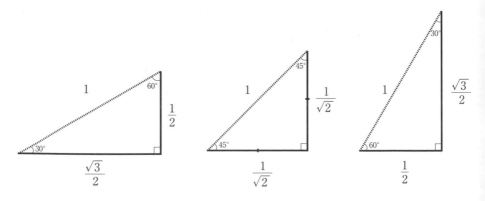

使用各邊比例如上的三角規，半徑為 1 的圓上的座標可如下表示：

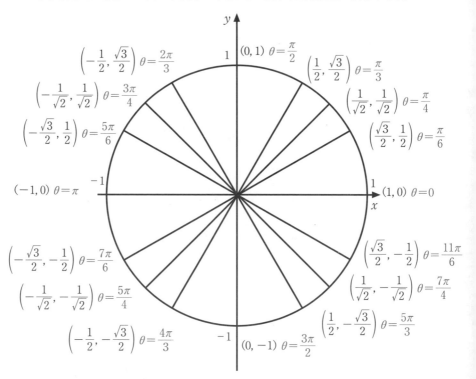

使用這些數值可畫出三角函數的圖形。

三角函數的圖形

$y = \cos\theta$ 的圖形

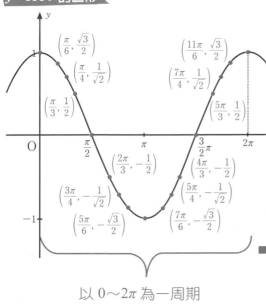

以 0～2π 為一周期 （反覆圖形）

$y = \cos\theta$ 和 $y = \sin\theta$ 的特徵：
(i) 值域為 $-1 \leqq y \leqq 1$
(ii) 周期為 2π

$y = \sin\theta$ 的圖形

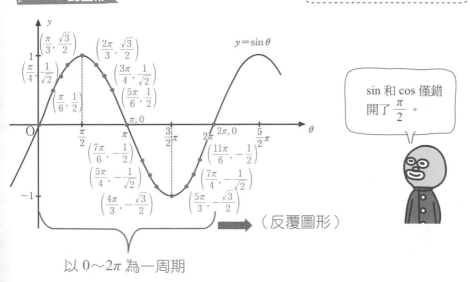

以 0～2π 為一周期 （反覆圖形）

sin 和 cos 僅錯開了 $\dfrac{\pi}{2}$。

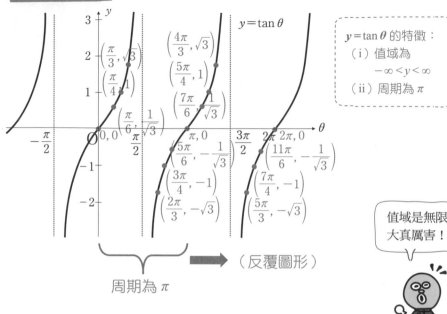

$y=\tan\theta$ 的特徵：
（i）值域為
$-\infty<y<\infty$
（ii）周期為 π

（反覆圖形）

周期為 π

值域是無限
大真厲害！

負角、餘角的公式

按照三角函數的定義來畫圖，能夠推導負角和餘角[*4] 的公式。

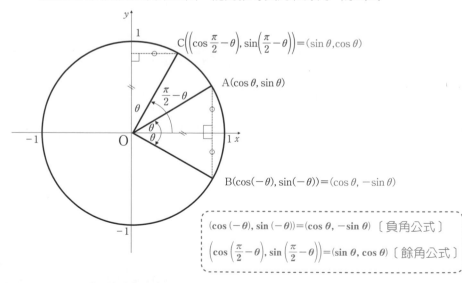

$(\cos(-\theta),\ \sin(-\theta))=(\cos\theta,\ -\sin\theta)$ 〔負角公式〕

$\left(\cos\left(\dfrac{\pi}{2}-\theta\right),\ \sin\left(\dfrac{\pi}{2}-\theta\right)\right)=(\sin\theta,\ \cos\theta)$ 〔餘角公式〕

---

*4 對於某銳角，相加後為直角的角度稱為「餘角」。

加法定理

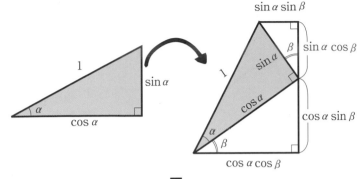

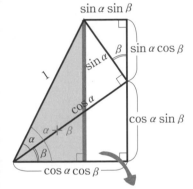

$$\sin(\alpha+\beta)=\sin\alpha\cos\beta+\cos\alpha\sin\beta$$

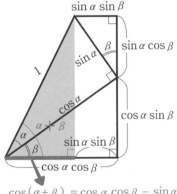

$$\cos(\alpha+\beta)=\cos\alpha\cos\beta-\sin\alpha\sin\beta$$

由圖可知下式成立：

$$\sin(\alpha+\beta)=\sin\alpha\cos\beta+\cos\alpha\sin\beta、\cos(\alpha+\beta)=\cos\alpha\cos\beta-\sin\alpha\sin\beta$$

將上式 β 換成 $-\beta$、使用負角公式可得

$$\sin(\alpha-\beta)=\sin\alpha\cos\beta-\cos\alpha\sin\beta、\cos(\alpha-\beta)=\cos\alpha\cos\beta+\sin\alpha\sin\beta$$

然後，再由三角函數的相互關係可得

$$\tan(\alpha+\beta)=\frac{\tan\alpha+\tan\beta}{1-\tan\alpha\tan\beta}、\tan(\alpha-\beta)=\frac{\tan\alpha-\tan\beta}{1+\tan\alpha\tan\beta}$$

這些稱為三角函數的加法定理（addition theorem）[5]。

---

*5 嚴謹的證明請見下一頁。

在以原點為中心的單位圓上,如下圖取 A、P、Q、R。

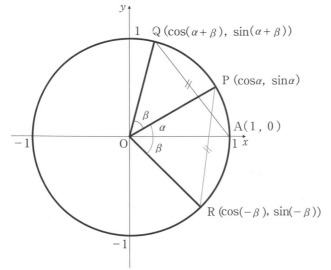

若能自己在白紙上重現這個證明,那就可以當老師了。

由三角函數的定義,可知各點的座標如下:

P(cos α, sin α)

Q(cos $(\alpha+\beta)$, sin $(\alpha+\beta)$)

R(cos $(-\beta)$, sin $(-\beta)$)=R(cos β, $-$sin β)

負角公式:
$$\cos(-\theta)=\cos\theta$$
$$\sin(-\theta)=-\sin\theta$$

$\overline{RP}$ 繞原點旋轉 β 後明顯會與 $\overline{AQ}$ 重疊,所以

AQ=RP

$\Rightarrow \sqrt{\{\cos(\alpha+\beta)-1\}^2+\{\sin(\alpha+\beta)-0\}^2}=\sqrt{(\cos\beta-\cos\alpha)^2+(-\sin\beta-\sin\alpha)^2}$

兩邊平方後展開

$\cos^2(\alpha+\beta)-2\cos(\alpha+\beta)+1^2+\sin^2(\alpha+\beta)$

$=\cos^2\beta-2\cos\beta\cos\alpha+\cos^2\alpha+\sin^2\beta+2\sin\beta\sin\alpha+\sin^2\alpha$

由三角函數的相互關係「$\cos^2\theta+\sin^2\theta=1$」

$2-2\cos(\alpha+\beta)=2-2\cos\beta\cos\alpha+2\sin\beta\sin\alpha$

$\Rightarrow -2\cos(\alpha+\beta)=-2\cos\beta\cos\alpha+2\sin\beta\sin\alpha$

$\Rightarrow \textbf{cos}(\alpha+\beta)=\textbf{cos}\,\alpha\,\textbf{cos}\,\beta-\textbf{sin}\,\alpha\,\textbf{sin}\,\beta$ …①

將①式的 β 換成 $-\beta$、使用負角公式可得

$\cos\{\alpha+(-\beta)\}=\cos\alpha\cos(-\beta)-\sin\alpha\sin(-\beta)$

$\Rightarrow \quad \cos(\alpha-\beta)=\cos\alpha\cos\beta-\sin\alpha\,(-\sin\beta)$
$\Rightarrow \quad \mathbf{\cos(\alpha-\beta)=\cos\alpha\cos\beta+\sin\alpha\sin\beta} \quad \cdots ②$

使用餘角公式可得

$\sin(\alpha+\beta)$

$=\cos\left\{\dfrac{\pi}{2}-(\alpha+\beta)\right\}$

$=\cos\left\{\left(\dfrac{\pi}{2}-\alpha\right)-\beta\right\}$

$=\cos\left(\dfrac{\pi}{2}-\alpha\right)\cos\beta+\sin\left(\dfrac{\pi}{2}-\alpha\right)\sin\beta$

$=\sin\alpha\cos\beta-\cos\alpha\,(-\sin\beta)$

$\Rightarrow \quad \mathbf{\sin(\alpha+\beta)=\sin\alpha\cos\beta+\cos\alpha\sin\beta} \quad \cdots ③$

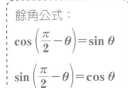

餘角公式：

$\cos\left(\dfrac{\pi}{2}-\theta\right)=\sin\theta$

$\sin\left(\dfrac{\pi}{2}-\theta\right)=\cos\theta$

$\cos(\alpha-\beta)$
$=\cos\alpha\cos\beta+\sin\alpha\sin\beta$

將③式的 β 換成 $-\beta$、使用負角公式可得

$\sin\{\alpha+(-\beta)\}=\sin\alpha\cos(-\beta)+\cos\alpha\sin(-\beta)$

$\Rightarrow \quad \sin(\alpha-\beta)=\sin\alpha\cos\beta+\cos\alpha\,(-\sin\beta)$

$\Rightarrow \quad \mathbf{\sin(\alpha-\beta)=\sin\alpha\cos\beta-\cos\alpha\sin\beta} \quad \cdots ④$

由①一步步做
就能證明嘛。

由①、③和三角函數的相互關係可得

$\tan(\alpha+\beta)$

$=\dfrac{\sin(\alpha+\beta)}{\cos(\alpha+\beta)}=\dfrac{\sin\alpha\cos\beta+\cos\alpha\sin\beta}{\cos\alpha\cos\beta-\sin\alpha\sin\beta}=\dfrac{\dfrac{\sin\alpha\cos\beta}{\cos\alpha\cos\beta}+\dfrac{\cos\alpha\sin\beta}{\cos\alpha\cos\beta}}{\dfrac{\cos\alpha\cos\beta}{\cos\alpha\cos\beta}-\dfrac{\sin\alpha\sin\beta}{\cos\alpha\cos\beta}}=\dfrac{\dfrac{\sin\alpha}{\cos\alpha}+\dfrac{\sin\beta}{\cos\beta}}{1-\dfrac{\sin\alpha}{\cos\alpha}\cdot\dfrac{\sin\beta}{\cos\beta}}$

$\Rightarrow \quad \mathbf{\tan(\alpha+\beta)=\dfrac{\tan\alpha+\tan\beta}{1-\tan\alpha\tan\beta}}$

$\tan\theta=\dfrac{\sin\theta}{\cos\theta}$

同理，由②、④可得

$\tan(\alpha+\beta)$

$=\dfrac{\sin(\alpha-\beta)}{\cos(\alpha-\beta)}=\dfrac{\sin\alpha\cos\beta-\cos\alpha\sin\beta}{\cos\alpha\cos\beta+\sin\alpha\sin\beta}=\dfrac{\dfrac{\sin\alpha\cos\beta}{\cos\alpha\cos\beta}-\dfrac{\cos\alpha\sin\beta}{\cos\alpha\cos\beta}}{\dfrac{\cos\alpha\cos\beta}{\cos\alpha\cos\beta}+\dfrac{\sin\alpha\sin\beta}{\cos\alpha\cos\beta}}=\dfrac{\dfrac{\sin\alpha}{\cos\alpha}-\dfrac{\sin\beta}{\cos\beta}}{1+\dfrac{\sin\alpha}{\cos\alpha}\cdot\dfrac{\sin\beta}{\cos\beta}}$

$\Rightarrow \quad \mathbf{\tan(\alpha-\beta)=\dfrac{\tan\alpha-\tan\beta}{1+\tan\alpha\tan\beta}}$

（證畢）

三角函數的合成

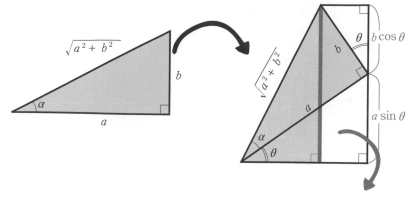

$$a \sin \theta + b \cos \theta = \sqrt{a^2 + b^2} \sin(\theta + \alpha)$$

由上圖可知，具有相同角度的兩個三角函數可合成一個三角函數。

$$\boldsymbol{a} \sin \boldsymbol{\theta} + \boldsymbol{b} \cos \boldsymbol{\theta} = \sqrt{\boldsymbol{a}^2 + \boldsymbol{b}^2} \sin(\boldsymbol{\theta} + \boldsymbol{\alpha})$$

$$\left(\text{其中，} \alpha \text{ 滿足} \cos \alpha = \frac{a}{\sqrt{a^2 + b^2}} \text{、} \sin \alpha = \frac{b}{\sqrt{a^2 + b^2}}\right)$$

這稱為三角函數的合成（compositions of trigonometric function）。

$$\sqrt{3} \sin \theta + \cos \theta = \sqrt{\sqrt{3}^2 + 1^2} \sin(\theta + \alpha) = 2 \sin\left(\theta + \frac{\pi}{6}\right)$$

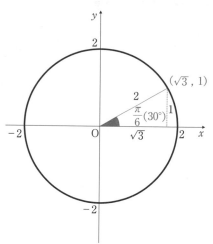

由左圖可知 $\alpha = \dfrac{\pi}{6}$

α 畫出圖形比較容易看出來。

$\dfrac{3}{4}$ 指數函數

上高中後，有些人或許會困惑數學竟出現「2^0」、「2^{-1}」，「2 自乘 0 次、2 自乘－1 次是怎麼回事？」。像這樣「擴張」乘方的指數（數字右上角的數字），我們才能夠定義指數函數。

指數法則

$$a^2 \times a^3 = (a \times a) \times (a \times a \times a) = a^5 = a^{2+3}$$
$$(a^2)^3 = a^2 \times a^2 \times a^2 = (a \times a) \times (a \times a) \times (a \times a) = a^6 = a^{2 \times 3}$$
$$(ab)^2 = (ab) \times (ab) = a \times b \times a \times b = (a \times a) \times (b \times b) = a^2 b^2$$

由上述例子明顯可知，當乘方的指數為自然數，下式成立：

指數法則

(1)　$a^m \times a^n = a^{m+n}$

(2)　$(a^m)^n = a^{mn}$

(3)　$(ab)^n = a^n b^n$

$$a^n \quad \text{乘方的指數}$$

（其中，m、n 為自然數）

這稱為指數法則（exponential law）。

指數的擴張①（0、負整數的指數）

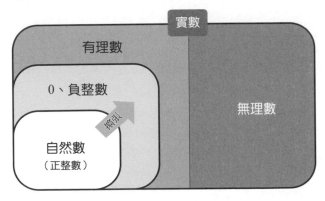

已知正數 a 時，為了讓函數 $f(x)=a^x$（此稱為**指數函數**，後面會詳細說明）可定義於整個實數範圍 $-\infty < x < \infty$，需要**擴張**指數的定義。但是，必須**注意不違反指數法則**[*6]。首先是乘方的指數為 0、負整數時。

$$\times \frac{1}{2} \quad \times \frac{1}{2} \quad \times \frac{1}{2} \quad \times \frac{1}{2} \quad \times \frac{1}{2} \quad \times \frac{1}{2}$$

$$2^3 \;\rightarrow\; 2^2 \;\rightarrow\; 2^1 \;\rightarrow\; 2^0 \;\rightarrow\; 2^{-1} \;\rightarrow\; 2^{-2} \;\rightarrow\; 2^{-3}$$

$$8 \;\rightarrow\; 4 \;\rightarrow\; 2 \;\rightarrow\; 1 \;\rightarrow\; \frac{1}{2} \;\rightarrow\; \frac{1}{4} \;\rightarrow\; \frac{1}{8}$$

以此類推，可如下推定：

$$2^0 = 1 \text{、} \quad 2^{-1} = \frac{1}{2^1} = \frac{1}{2} \text{、} \quad 2^{-2} = \frac{1}{2^2} = \frac{1}{4} \text{、} \quad 2^{-3} = \frac{1}{2^3} = \frac{1}{8}$$

因此，乘方的指數為 0、負整數時，可如下定義：

$$a^0 = 1 \text{、} \quad a^{-n} = \frac{1}{a^n}$$

指數函數啊……
記起來吧！

方根

一般對於正整數 n，**n 次方為 a 的數**，也就是**滿足 $x^n = a$ 的 x**，稱為 a 的 **n 次方根**。n 次方根統稱為**方根**（radical root）[*7]。

a 的 n 次方根為 $x^n = a$ 的解，會是 $y = x^n$ 和 $y = a$ 圖形交點的 x 座標。

---

*6 在後面的擴張解說，最後會統一證明擴張不會違反指數法則。
*7 不過，二次方根通常稱為「平方根」。

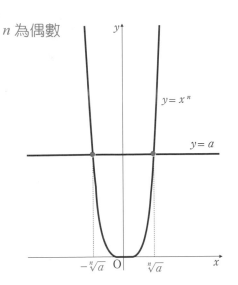

n 為偶數

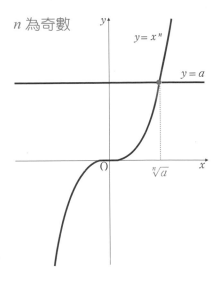

n 為奇數

n 為偶數時，兩個 **a 的 n 次方根**中的正根記為「$\sqrt[n]{a}$」[8]（負根記為 $-\sqrt[n]{a}$）。而 n 為奇數時，a 的 n 次方根只有一個，直接記為「$\sqrt[n]{a}$」。

（ⅰ）n 為偶數時

$$x^n = a \iff x = \pm\sqrt[n]{a} \quad (a > 0)$$

（ⅱ）n 為奇數時

$$x^n = a \iff x = \sqrt[n]{a}$$

注意 x 在這邊是實數！

其中，$a = 0$ 時，約定俗成 $\sqrt[n]{0} = 0$。

例

$$x^4 = 16 \iff x = \pm\sqrt[4]{16} = \pm 2$$
$$x^3 = -8 \iff x = \sqrt[3]{-8} = -2$$

n 為偶數時，方根需要分成 a 為正數、0、負數等情況來討論。擴張指數的目的是，讓 $f(x) = a^x$ 可定義於整個實數範圍 $-\infty < x < \infty$。這邊為了避免麻煩而分別討論，後面章節（如果沒有特別申明）的方根僅討論 $a > 0$ 的情況。

---

[8] 「$\sqrt[2]{a}$」的 2 會省略，通常寫成「$\sqrt{a}$」。

一般來說，方根具有下述性質：

方根的性質

（ⅰ）　$\sqrt[n]{a} \times \sqrt[n]{b} = \sqrt[n]{ab}$

（ⅱ）　$(\sqrt[n]{a})^m = \sqrt[n]{a^m}$

其中，$a>0$、$b>0$，m 為整數，n 為正整數啊。

延伸 方根性質的證明

$x = \sqrt[n]{a}$ 是方程式 $x^n = a$ 的解，（代入）可得 $(\sqrt[n]{a})^n = a$。又已知 $a>0$、$b>0$，m 為整數、n 為正整數。

（ⅰ）$\sqrt[n]{a} \times \sqrt[n]{b} = \sqrt[n]{ab}$ 的證明

左邊 n 次方 $= (\sqrt[n]{a} \times \sqrt[n]{b})^n = (\sqrt[n]{a})^n \times (\sqrt[n]{b})^n = a \times b = ab$

右邊 n 次方 $= (\sqrt[n]{ab})^n = ab$

$\Rightarrow$　$(\sqrt[n]{a} \times \sqrt[n]{b})^n = (\sqrt[n]{ab})^n$

由 $\sqrt[n]{a} > 0$、$\sqrt[n]{b} > 0$ 可知 $\sqrt[n]{a} \times \sqrt[n]{b} > 0$，因為 $\sqrt[n]{ab} > 0$，所以 $\sqrt[n]{a} \times \sqrt[n]{b} = \sqrt[n]{ab}$。

$(ab)^p = a^p b^p$

$(\sqrt[n]{a})^n = a$

（ⅱ）$(\sqrt[n]{a})^m = \sqrt[n]{a^m}$ 的證明

左邊 n 次方 $= \{(\sqrt[n]{a})^m\}^n = (\sqrt[n]{a})^{mn} = (\sqrt[n]{a})^{nm} = \{(\sqrt[n]{a})^n\}^m = a^m$

右邊 n 次方 $= (\sqrt[n]{a^m})^n = a^m$

$\Rightarrow$　$\{(\sqrt[n]{a})^m\}^n = (\sqrt[n]{a^m})^n$

因為 $\sqrt[n]{a} > 0$、$(\sqrt[n]{a^m}) > 0$，所以 $(\sqrt[n]{a})^m = \sqrt[n]{a^m}$。

$(a^p)^q = a^{pq}$

$(\sqrt[n]{a})^n = a$

（證畢）

指數的擴張②（有理數的指數）

n 為整數時，2^n 的指數 n 會 0、1、2、3、……等間隔增加（如同等差數列）時，變成 2^0、2^1、2^2、2^3、……每次乘上相同的數（如同等比數列）。假設這項性質在有理數（分數）的指數也成立。

62

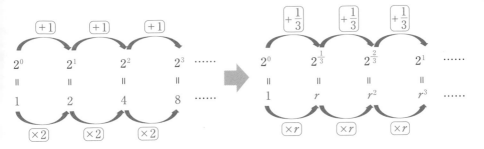

那麼，由「$r=2^{\frac{1}{3}}$ 且 $r^3=2^1 \Leftrightarrow 2^{\frac{1}{3}}=\sqrt[3]{2}$」可預期 $2^{\frac{1}{3}}=\sqrt[3]{2}$。因此，乘方的指數為有理數時，可如下定義：

$$a^{\frac{1}{n}}=\sqrt[n]{a} \quad (a>0 \text{、} n \text{ 為正整數})$$

接著兩邊 m 次方後（m 為整數）

$$\left(a^{\frac{1}{n}}\right)^m=\left(\sqrt[n]{a}\right)^m \Leftrightarrow a^{\frac{m}{n}}=\left(\sqrt[n]{a}\right)^m=\sqrt[n]{a^m}$$

$$\boxed{\begin{array}{c} x^n=a \\ \Leftrightarrow x=\sqrt[n]{a} \end{array}}$$

$$\boxed{\begin{array}{l} \text{方根性質：} \\ \left(\sqrt[n]{a}\right)^m=\sqrt[n]{a^m} \end{array}}$$

可得

$$a^{\frac{m}{n}}=\left(\sqrt[n]{a}\right)^m=\sqrt[n]{a^m} \quad (a>0 \text{、} m \text{ 為整數、} n \text{ 為正整數})$$

結果，「a 的 n 次方根的 m 次方」「a 的 m 次方的 n 次方根」都是 $a^{\frac{m}{n}}$。

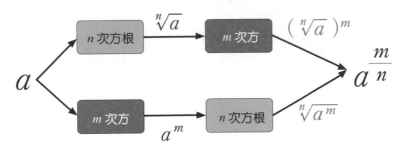

即便乘方的指數如同上述擴張，也不會違背指數法則。後面的推導會用到許多細瑣文字式子，不喜歡的人可直接略過。

〔關於 $a^0=1$、$a^{-1}=\dfrac{1}{a^n}$〕

令 $a>0$、$b>0$、m 為整數、n 為正整數。

(1) $\quad a^m \times a^0 = a^m \times 1 = a^m = a^{m+0}$

$\quad a^{-n} \times a^n = \dfrac{1}{a^n} \times a^n = 1 = a^0 = a^{-n+n}$

$\boxed{a^p \times a^q = a^{p+q}}$

(2) $\quad (a^m)^0 = 1 = a^{m \times 0}$

$\quad (a^m)^{-n} = \dfrac{1}{(a^m)^n} = \dfrac{1}{a^{mn}} = a^{-(mn)} = a^{m \times (-n)}$

$\boxed{(a^p)^q = a^{pq}}$

(3) $\quad (ab)^0 = 1 = 1 \times 1 = a^0 b^0$

$\quad (ab)^{-n} = \dfrac{1}{(ab)^n} = \dfrac{1}{a^n b^n} = \dfrac{1}{a^n} \times \dfrac{1}{b^n} = a^{-n} b^{-n}$

$\boxed{(ab)^p = a^p b^p}$

〔關於 $a^{\frac{1}{n}} = \sqrt[n]{a}$、$a^{\frac{m}{n}} = \sqrt[n]{a^m}$〕

令 $a>0$、$b>0$、m、s 為整數、n、t 為正整數、$p=\dfrac{m}{n}$、$q=\dfrac{s}{t}$。

(1) $\quad a^p \times a^q = a^{\frac{m}{n}} \times a^{\frac{s}{t}} = a^{\frac{mt}{nt}} \times a^{\frac{ns}{nt}} = \sqrt[nt]{a^{mt}} \times \sqrt[nt]{a^{ns}} = \sqrt[nt]{a^{mt} \times a^{ns}} = \sqrt[nt]{a^{mt+ns}}$

$\quad a^{p+q} = a^{\frac{m}{n}+\frac{s}{t}} = a^{\frac{mt+ns}{nt}} = \sqrt[nt]{a^{mt+ns}}$

$\quad \Rightarrow a^p \times a^q = a^{p+q}$

$\boxed{a^{\frac{m}{n}} = \sqrt[n]{a^m}}$ $\boxed{\sqrt[n]{a} \times \sqrt[n]{b} = \sqrt[n]{ab}}$

(2) $\quad (a^p)^q = \left(a^{\frac{m}{n}}\right)^{\frac{s}{t}} = \left\{\left(a^{\frac{1}{n}}\right)^m\right\}^{\frac{s}{t}} = \left[\left\{\left(a^{\frac{1}{n}}\right)^m\right\}^s\right]^{\frac{1}{t}}$

$\boxed{a^{\frac{m}{n}} = \left(a^{\frac{1}{n}}\right)^m}$

$\qquad = \left\{\left(a^{\frac{1}{n}}\right)^{ms}\right\}^{\frac{1}{t}} = \left\{\left(a^{ms}\right)^{\frac{1}{n}}\right\}^{\frac{1}{t}} = \sqrt[t]{\left\{\left(a^{ms}\right)^{\frac{1}{n}}\right\}} = \sqrt[t]{a^{\frac{ms}{n}}}$

$\quad a^{pq} = a^{\frac{m}{n} \times \frac{s}{t}} = a^{\frac{ms}{nt}} = a^{\frac{\frac{ms}{n}}{t}} = \sqrt[t]{a^{\frac{ms}{n}}}$

$\boxed{a^{\frac{m}{n}} = \sqrt[n]{a^m}}$

$\quad \Rightarrow (a^p)^q = a^{pq}$

(3) $\quad (ab)^p = (ab)^{\frac{m}{n}} = \left\{(ab)^m\right\}^{\frac{1}{n}} = (a^m b^m)^{\frac{1}{n}} = \sqrt[n]{a^m b^m} = \sqrt[n]{a^m} \times \sqrt[n]{b^m}$

$\boxed{a^{\frac{m}{n}} = (a^m)^{\frac{1}{n}}}$

$\quad a^p b^p = a^{\frac{m}{n}} b^{\frac{m}{n}} = \sqrt[n]{a^m} \times \sqrt[n]{b^m}$

$\quad \Rightarrow (ab)^p = a^p b^p$

$\boxed{a^{\frac{m}{n}} = \sqrt[n]{a^m}}$ $\boxed{\sqrt[n]{a} \times \sqrt[n]{b} = \sqrt[n]{ab}}$

指數的擴張③（無理數的指數）

指數擴張到無理數的嚴謹證明，即便在大學也只有進入數學系才會學到，遠遠超過本書的預設程度，這邊就先來思考下面。

比如討論「$2^{\sqrt{2}}$」這個數。$\sqrt{2} = 1.41421356237\cdots\cdots$的右邊是小數點後不規則無限延續的無理數，但使用有理數近似值，讓指數逐漸接近 $\sqrt{2}$，可得

$$2^1 = 2$$
$$2^{1.4} = 2^{\frac{14}{10}} = 2.63901\cdots\cdots$$
$$2^{1.41} = 2^{\frac{141}{100}} = 2.65737\cdots\cdots$$
$$2^{1.414} = 2^{\frac{1414}{1000}} = 2.66474\cdots\cdots$$
$$2^{1.4142} = 2^{\frac{14142}{10000}} = 2.66511\cdots\cdots$$

有工程計算機的人，可實際計算看看。

持續接近後，右式會逐漸趨近「$2.665144143\cdots\cdots$」這個固定值。於是，我們可如下定義「$2^{\sqrt{2}}$」：

$$2^{\sqrt{2}} = 2.665144143\cdots\cdots$$

乘方的指數為其他無理數時，也可用同樣的方法定義。而且，若像這樣定義，無理數的指數也不會違反下述的指數法則：

指數法則

$a > 0$、$b > 0$、x、y 為實數時

 (1) $a^x \times a^y = a^{x+y}$

 (2) $(a^x)^y = a^{xy}$

 (3) $(ab)^x = a^x b^x$

需要大學的程度才能證明啊！

指數函數

給定非 1 的正數 a 時，可在整個實數範圍 $-\infty < x < \infty$，如下定義指數函數（exponential function）：

指數函數的定義

$$f(x) = a^x$$

但是，$a > 0$ 且 $a \ne 1$ 啊。

$f(x) = a^x$ 時，a 稱為**指數函數 $f(x)$ 的** 底數（base）[*9]。

指數函數的圖形

x	-3	-2	-1	0	1	2	3
2^x	$\frac{1}{8}$	$\frac{1}{4}$	$\frac{1}{2}$	1	2	4	8
$\left(\frac{1}{2}\right)^x$	8	4	2	1	$\frac{1}{2}$	$\frac{1}{4}$	$\frac{1}{8}$

試著根據上表畫出 $y = 2^x$ 和 $y = \left(\frac{1}{2}\right)^x$ 的圖形吧。

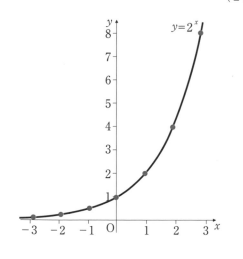

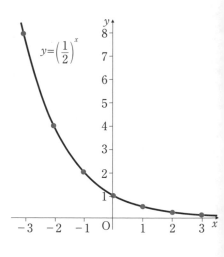

[*9] $f(x) = a^x$ 的 $a > 0$ 是因為，前面約定討論方根時僅討論 $a > 0$的情況（61 頁）。而 $a \ne 1$ 是為了定義
後面要討論的對數函數（參見 72 頁）。

一般來説，$y=a^x$ 的圖形會因是 $a>1$ 還是 $0<a<1$ 而不同。

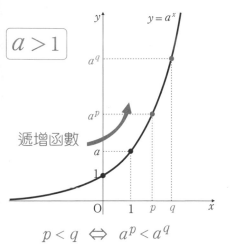

$$a>1$$

$y=a^x$

遞增函數

$$p<q \iff a^p<a^q$$

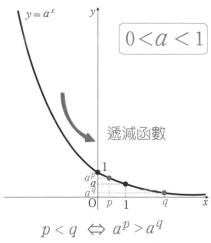

$$0<a<1$$

$y=a^x$

遞減函數

$$p<q \iff a^p>a^q$$

需要注意的是，兩者皆是 $a^x>0$。

指數函數 $f(x)=a^x$ 在 $a>1$ 時，會呈現爆發性增長。

比如，將厚 0.1 毫米的報紙摺疊 x 次的高為

$$y=0.1\times 2^x$$

$x=42$ 時，y 約為 44 萬公里，超過地球到月亮的距離（約 38 萬公里）！[*10]

真不敢相信！

---

*10 但是，實際折報紙時，外側報紙的延伸長度有其界限，頂多僅能折 10 次左右而已。

對數函數

> 　　日本知名數學家之一的秋山仁先生，在第一次接觸對數時問到：「老師，寫在黑板上的 10g 是什麼？」實際上，若進行「高中數學中什麼最意義不明？」的問卷調查，對數大概會是第一名吧。

◤什麼是對數？

$2^{\square}=3 \Rightarrow \square=?$　於是！　$2^{\square}=3 \Rightarrow$ 表示成 $\square=\log_2 3$

置於 2 的右上角時
結果為 3 的對應數　　logarithm

一般來說　$a^{\boxed{x}}=\boxed{y} \Leftrightarrow \boxed{x}=\log_a \boxed{y}$

$\log_a y$：置於 a 右上角時結果為 y 的對應數

　　在開始討論對數（logarithm）之前，先來看找不到滿足 $2^x=3$ 的 x 這件事。因為 $2^1=1$、$2^2=4$，所以可預測 x 為大於 1 小於 2 的數，但將 x 代入 1.5、$\sqrt{2}$ 等 $1<x<2$ 範圍內的數，都無法恰好等於 3。

　　然而，由右邊 $y=2^x$ 的圖形明顯可知，存在「置於 2 的右上角時結果為 3 的對應數」。於是，$2^x=3$ 時，我們將 x 的對應數寫成「$\log_2 3$」。

　　「log」是取自「對應的數＝對數」的英文「logarithm」。換言之，$2^x=3 \Leftrightarrow x=\log_2 3$。一般來說，對數會如下定義：

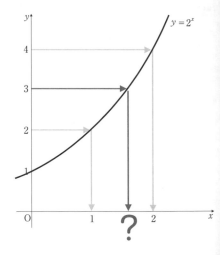

對數的定義 滿足 $a^x=p$ 的 x 值表為

$$x=\log_a p$$

此時，a 稱為底數、p 稱為**真數**（anti-logarithm）。

〔其中，$a>0$、$a\neq 1$ 且 $p>0$〕

另外，由對數的定義也可如下改寫：

$$a^{\log_a p} = p$$

> 由 $a^x=p \Leftrightarrow x=\log_a p$
> 消去 x。

例 $2^{\log_2 2}=2$、$3^{\log_3 9}=9 \Rightarrow$、$5^{\log_5 \sqrt{5}}=\sqrt{5}$

對數的性質

這邊從定義整理明顯的對數性質。

對數的性質

(1) $\log_a a=1$

(2) $\log_a 1=0$

> 其中，a 為非 1 的正整數啊。

延伸 對數性質的證明

(1) $a^{\log_a a}=a=a^1 \Rightarrow \log_a a=1$

(2) $a^{\log_a 1}=1=a^0 \Rightarrow \log_a 1=0$

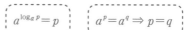

> $a^{\log_a p}=p$ $\qquad$ $a^p=a^q \Rightarrow p=q$
>
> $a^0=1$

> 要好好確認對數的
> 定義！

由指數法則可導出對數具有下列法則，這些稱為對數法則（logatithm law）。

（ⅰ）$\log_a(M \times N) = \log_a M \oplus \log_a N$

乘法　　　　　　　加法

（ⅱ）$\log_a \dfrac{M}{N} = \log_a M \ominus \log_a N$

除法　　　　　　　減法

$2^5 = 32 \iff 5 = \log_2 32 = \log_2(8 \times 4)$

$2^3 = 8 \iff 3 = \log_2 8$

$2^2 = 4 \iff 2 = \log_2 4$

$2^1 = 2 \iff 1 = \log_2 2 = \log_2 \dfrac{8}{4}$ 嘛！

（ⅲ）$\log_a M^r = r \log_a M$

右上角的數字移至前面

（ⅰ）　$\log_2 (8 \times 4) = \log_2 8 + \log_2 4$

（ⅱ）　$\log_2 \dfrac{8}{4} = \log_2 8 - \log_2 4$

（ⅲ）　$\log_2 2^3 = 3 \log_2 2$

（ⅰ）　$5 = 3 + 2$

（ⅱ）　$1 = 3 - 2$

（ⅲ）　$3 = 3 \times 1$

延伸 對數法則的證明

（ⅰ）

$$a^{\log_a M} \times a^{\log_a N} = a^{\log_a M + \log_a N} \Rightarrow M \times N = a^{\log_a M + \log_a N} \Rightarrow a^{\log_a (M \times N)} = a^{\log_a M + \log_a N}$$

$$\therefore \log_a (M \times N) = \log_a M + \log_a N$$

$a^{\log_a p} = p$　　$a^p \times a^q = a^{p+q}$

（ⅱ）

$$\frac{a^{\log_a M}}{a^{\log_a N}} = a^{\log_a M - \log_a N} \Rightarrow \frac{M}{N} = a^{\log_a M - \log_a N} \Rightarrow a^{\log_a \frac{M}{N}} = a^{\log_a M - \log_a N}$$

$$\therefore \log_a \frac{M}{N} = \log_a M - \log_a N$$

$a^{\log_a p} = p$　　$\dfrac{a^p}{a^q} = a^{p-q}$

（ⅲ）

$$(a^{\log_a M})^r = a^{\log_a M \times r} \Rightarrow (M)^r = a^{r \times \log_a M} \Rightarrow M^r = a^{r \log_a M} \Rightarrow a^{\log_a M^r} = a^{r \log_a M}$$

$$\therefore \log_a M^r = r \log_a M$$

$a^{\log_a p} = p$　　$(ap)^q = a^{p \times q}$

換底公式

計算對數時，最重要的是**統一底數**。下述的換底公式（change of base formula）是統一底數時不可欠缺的公式。

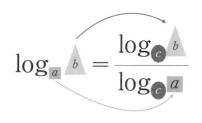

c 為任意 1 以外的正數！

$$\log_a b = \frac{\log_c b}{\log_c a}$$

〔a、c 為 1 以外的正數、b 為正數〕

$$\log_a M^r = r \log_a M$$

例

$$\log_2 8 = \frac{\log_{10} 8}{\log_{10} 2}$$

$$\log_2 8 = \log_2 2^3 = 3 \log_2 2 = 3 \times 1 = 3$$
$$\frac{\log_{10} 8}{\log_{10} 2} = \frac{\log_{10} 2^3}{\log_{10} 2} = \frac{3 \log_{10} 2}{\log_{10} 2} = 3 \text{ 嘛！}$$

延伸 換底公式的證明

$$a^{\log_a b} = b \Rightarrow (c^{\log_c a})^{\log_a b} = c^{\log_c b} \Rightarrow c^{\log_c a \times \log_a b} = c^{\log_c b}$$

$$\therefore \log_c a \times \log_a b = \log_c b \Rightarrow \log_a b = \frac{\log_c b}{\log_c a}$$

$$a^{\log_a p} = p$$

$$(a^p)^q = a^{p \times q}$$

常用對數

其中，底數為 10 的對數 $\log_{10} x$，稱為常用對數（common logarithm）。只要查找各真數 x 的常用對數值，並使用上述的「換底公式」，就能計算底數為 10 以外的對數值。在**常用對數表**（可在網路搜尋）上，彙整了 $0 < x < 10$ 的 $\log_{10} x$ 值。

例 由常用對數表可知 $\log_{10} 2 \doteqdot 0.3010$、$\log_{10} 3 \doteqdot 0.4771$，所以[11]

$$\log_2 3 = \frac{\log_{10} 3}{\log_{10} 2} \doteqdot \frac{0.4771}{0.3010} \doteqdot 1.5850$$

---

[11] 因 $\log_{10} 2$、$\log_{10} 3$ 為無理數（無法表示成分數的數），小數點後為無限延續的不規則數字。

◤對數函數

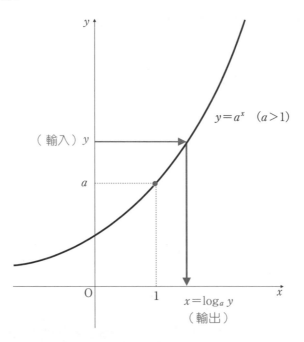

由上圖明顯可知，當 $y=a^x$、輸入為 y、輸出為 x，在 $y>0$ 範圍的任意 y 值對應一個 x 值[12]。

因為 $y=a^x \Leftrightarrow x=\log_a y$，$y=a^x$ 時，**$x=\log_a y$ 的 x 是 y 的函數**。不過，我們比較習慣 x 為輸入（自變數）、y 為輸出（應變數），所以將 x 和 y 對調過來。

一般來說，對於非 1 正數 a，**$y=\log_a x$** 稱為以 a 為底數的對數函數（logarithm）。

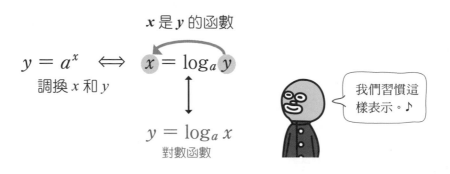

*12 當 $a=1$，y 值總是為 $y=1$，y 值無法對應單一 x 值。

對數函數的圖形

$y = a^x$ 和 $x = \log_a y$ 等價，數學式表示相同的內容，雖然表現方式不同，但兩式的圖形相同[*13]。因此，我們可以以「$x = \log_a y$ **的圖形（** $y = a^x$ **的圖形）→ 調換** x **和** y **→ 將** x **軸和** y **軸轉為往常的方向**」的步驟，完成 $y = \log_a x$ 的圖形。

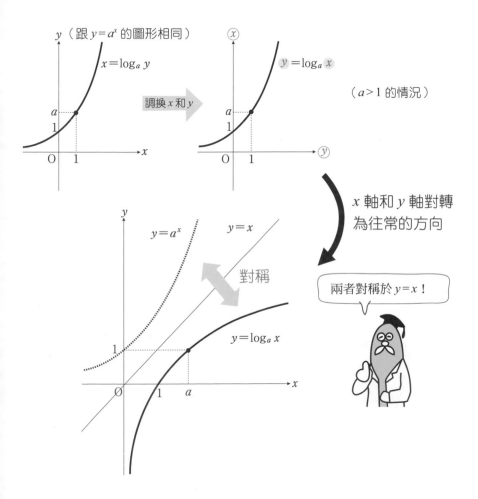

如此得到的 $y = a^x$ 圖形和 $y = \log_a x$ 圖形會**對稱於** $y = x$。

[*13] 等價數學式的圖形相同，比如 $y = x + 1 \Leftrightarrow x - y + 1 = 0$，所以「$y = x + 1$」和「$x - y + 1 = 0$」表示相同的圖形。

對 $0 < a < 1$ 的情況進行同樣的操作，畫出的兩個對數函數圖形統整如下：

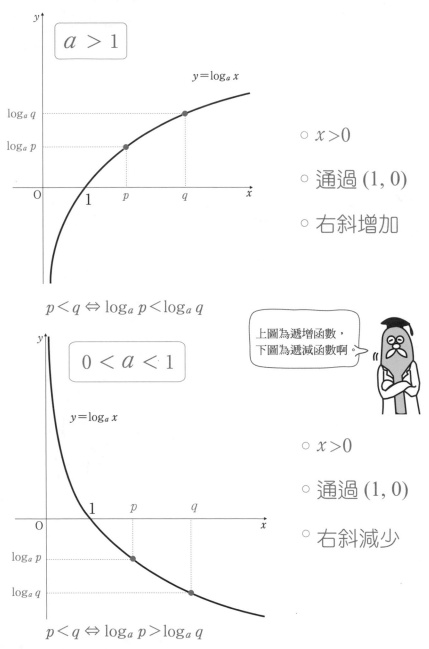

$a > 1$

$y = \log_a x$

$\log_a q$

$\log_a p$

○ $x > 0$

○ 通過 $(1, 0)$

○ 右斜增加

$$p < q \Leftrightarrow \log_a p < \log_a q$$

上圖為遞增函數，
下圖為遞減函數啊。

$0 < a < 1$

$y = \log_a x$

○ $x > 0$

○ 通過 $(1, 0)$

○ 右斜減少

$\log_a p$

$\log_a q$

$$p < q \Leftrightarrow \log_a p > \log_a q$$

John Napier(1550-1671)

對數的誕生

學完指數函數後會接著學習對數函數。然而，在 16 世紀末，蘇格蘭的**約翰‧納皮爾**（**John Napier**）發現對數時，尚未有將 $2 \times 2 \times 2$ 表為 2^3 的習慣，當然也沒有指數函數這個概念。換言之，就歷史發展來看，對數比較早被「發明」出來。

那麼，為什麼在沒有指數的情況下能夠誕生對數呢？這跟當時的歐洲處於大航海時代有關。因為當時沒有 GPS 來掌握所處位置，當時的船員們靠著觀測夜空中閃爍的星星，再對照時刻由「天測曆」推測自己的位置。天測曆上頭記載了天文學家透過計算預測出每天各時刻的星體位置。在無任何標記的海洋上，船員們僅能仰賴天測曆和六分儀（量測角度的工具）來掌握船的位置。

然而，當時的天測曆不夠精確，想要算出 365 天各時刻的星體位置（每年都會改變），需要計算龐大的天文數字，不精準也在所難免，但也因此奪去許多船員的性命。納皮爾感嘆這樣的情況，思索有沒有方法簡化天文學家的計算，最後發明了對數和對數表。

高中數學的教科書收錄了「常用對數表」，記載 $\log_{10} x$ 的 x 代入 1.00 至 9.99 時的數值。比如，查找表格可知 $\log_{10} 1.23 = 0.0899$、$\log_{10} 4.56 = 0.6590$，由對數的定義（69 頁）可計算

$$1.23 \times 4.56 = 10^{0.0899} \times 10^{0.6590} = 10^{0.0899+0.6590} = 10^{0.7489}$$

接著再查找一次常用對數表，可知 $0.7489 \fallingdotseq \log_{10} 5.61$。因此，

$$1.23 \times 4.56 = 10^{0.7489} \fallingdotseq 10^{\log_{10} 5.61} = 5.61 \quad (\leftarrow 使用 \ a^{\log_a p} = p)$$

當然，由此結果馬上就知道 $123 \times 456 \fallingdotseq 56100$ 吧。

在沒有計算機的當時，對數和對數表正是計算機。順便一提，納皮爾發明對數這件事，被譽為「讓天文學家的壽命延長了兩倍（讓天文學家一生能夠完成的計算量增為兩倍）」。

Challenge to the limit

第4章 微分、積分

$\frac{4}{1}$ 極限

在高中時看到 $\lim_{x=\infty} = \frac{1}{x} = 0$ 這個式子，會想說「不對，應該是要用『≒』吧」的人，可能不清楚極限的概念。

函數的極限

將「函數 $f(x)$ 的變數 x 代入不為 a 的值，當該值趨近 a，$f(x)$ 也會趨近固定值 p」表為

$$\lim_{x \to \alpha} f(x) = p$$

p 稱為 $x \to a$ 時 $f(x)$ 的極限（limit）。另外，此時可說 $f(x)$ 收斂（convergence）於 p。

極限到底只是「趨近值」，所以下述兩式子皆為正確的表述。

$$\lim_{x \to \infty} \frac{1}{x} = 0 \qquad \lim_{x \to 1} \frac{1}{x} = 1$$

因此，「x 趨近無限大時，$\frac{1}{x}$ 會趨近於 0」「x 趨近 1 時，$\frac{1}{x}$ 會趨近於 1」皆正確。

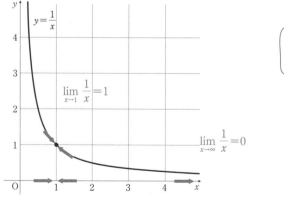

各位請瞭解，「$x \to a$ 時 $f(x)$ 的極限」未必等於 $f(a)$。

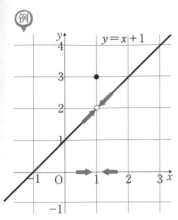

$$f(x)=\begin{cases} x+1 & (x \neq 1) \\ 3 & (x=1) \end{cases}$$

的時候

$f(1)=3$ 但是

$\lim_{x \to 1} f(x)=2$

極限只是「趨近值」，
而非代入求得的數值！

指數函數的極限

$x \to \infty$ 時指數函數的極限，看圖便一目了然，但結果會因底數大於 1 還是小於 1 而不同（67 頁），這點需要小心注意。

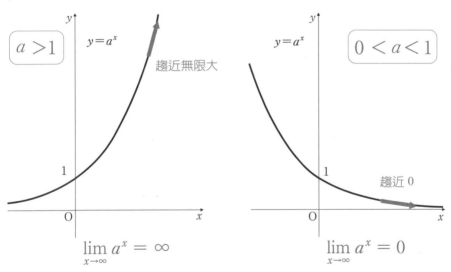

$\boxed{a>1}$ $y=a^x$ 趨近無限大

$\boxed{0<a<1}$ $y=a^x$ 趨近 0

$$\lim_{x \to \infty} a^x = \infty$$

$$\lim_{x \to \infty} a^x = 0$$

由上圖立即可知，$x \to -\infty$ 時的極限為

$a>1$ 時， $\lim_{x \to -\infty} a^x=0$

$0<a<1$ 時， $\lim_{x \to -\infty} a^x=\infty$

◤對數函數的極限

對數函數在 $x \to \infty$ 時的極限，也是看圖便一目了然，結果會因底數大於 1 還是小於 1 而不同（74 頁）。

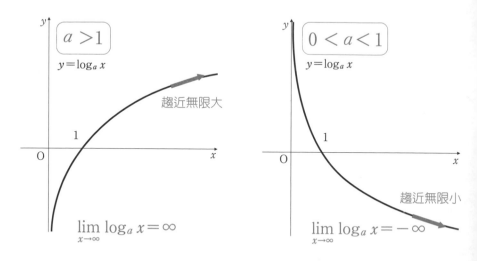

有些人對於對數函數或許會有這樣的疑問，

但是各位只要回想起「$x = \log_a y \Leftrightarrow y = a^x$」，應該就能理解對數函數在 $x \to \infty$ 的極限會是 ∞、$-\infty$。

若 $a > 1$，由指數函數的圖形（67 頁），明顯可知 $y = a^x$ 在 $y \to \infty$ 時 $x \to \infty$。因此，調換 $x = \log_a y$ 的 x 和 y 形成的 $y = \log_a x$，（若 $a > 1$）在 $x \to \infty$ 時 $y \to \infty$。

另一方面，**若 $0 < a < 1$**，由指數函數的圖形，可知 $y = a^x$ 在 $y \to \infty$ 時 $x \to -\infty$。

因此，調換 x 和 y 後的 $y = \log_a x$，（若 $0 < a < 1$）在 $x \to \infty$ 時 $y \to -\infty$。

三角函數的極限

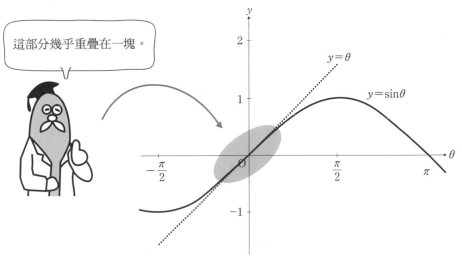

這部分幾乎重疊在一塊。

$y = \theta$

$y = \sin\theta$

θ 趨近 0 時，$\sin\theta \fallingdotseq \theta \Rightarrow \dfrac{\sin\theta}{\theta} \fallingdotseq 1$

由上圖可知，當 θ 值趨近 0，$\dfrac{\sin\theta}{\theta}$ 的值會趨近 1[*1]。這可使用 $\lim$ 如下表示：

$$\lim_{\theta \to 0} \frac{\sin\theta}{\theta} = 1$$

延伸 三角函數極限的證明

$0 < \theta < \dfrac{\pi}{2}$ 時，在以點 O 為中心、半徑為 1 的扇形 OAB，令 $\angle$AOB $= \theta$（弧度）[*2]。假設從 B 向 $\overline{\text{OA}}$ 拉出的垂足為 P，由 A 拉出的 $\overset{\frown}{\text{AB}}$ 切線與 $\overline{\text{OB}}$ 延長線的交點為 Q，明顯可知面積關係為

$\triangle$OPB $\leqq$ 扇形 OAB $\leqq$ $\triangle$OAQ

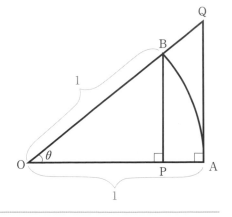

---

*1 證明在下方。

*2 三角函數使用弧度（51頁）表示，是為了讓這邊證明的極限成立（不使用弧度，下述的證明不成立）。

亦即

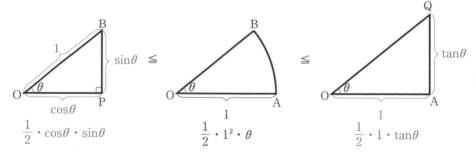

所以

$$\frac{1}{2} \cdot \cos \theta \cdot \sin \theta \leqq \frac{1}{2} \cdot 1^{2} \cdot \theta \leqq \frac{1}{2} \cdot 1 \cdot \tan \theta$$

$$\Rightarrow \quad \cos \theta \sin \theta \leqq \theta \leqq \tan \theta$$

$$\Rightarrow \quad \cos \theta \sin \theta \leqq \theta \leqq \frac{\sin \theta}{\cos \theta}$$

$$\Rightarrow \quad \cos \theta \leqq \frac{\theta}{\sin \theta} \leqq \frac{1}{\cos \theta}$$

$$\Rightarrow \quad \frac{1}{\cos \theta} \leqq \frac{\sin \theta}{\theta} \leqq \cos \theta \quad \cdots ①$$

> 角度若以弧度表示，扇形面積可如下表示（51頁）：
> $$S = \frac{1}{2} r^{2} \theta$$

使用三角函數的負角公式（54頁），可變形為

$$\cos (-\theta) = \cos \theta \, , \quad \frac{\sin (-\theta)}{-\theta} = \frac{-\sin \theta}{-\theta} = \frac{\sin \theta}{\theta}$$

$-\dfrac{\pi}{2} < \theta < 0$ 時，①的不等式也成立。由①可知

> 這就是夾擠定理啊！

$$\Rightarrow \quad \lim_{\theta \to 0} \frac{1}{\cos \theta} \leqq \lim_{\theta \to 0} \frac{\sin \theta}{\theta} \leqq \lim_{\theta \to 0} \cos \theta$$

$$\Rightarrow \quad 1 \leqq \lim_{\theta \to 0} \frac{\sin \theta}{\theta} \leqq 1$$

$$\Rightarrow \quad \lim_{\theta \to 0} \frac{\sin \theta}{\theta} = 1$$

> 由 $\cos 0 = 1$ 可知
> $$\lim_{\theta \to 0} \cos \theta = 1$$
> $$\lim_{\theta \to 0} \frac{1}{\cos \theta} = \frac{1}{1} = 1$$

（證畢）

$\frac{4}{2}$ 微分法

[　　微分因為公式單純且能夠做形式上的計算，有些文組同學會覺得「微分意外地簡單。」但是，想要理解微分的本質，並不是件簡單的事情。]

平均變化率

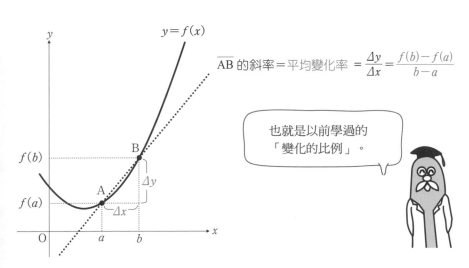

$\overline{AB}$ 的斜率＝平均變化率 $= \dfrac{\Delta y}{\Delta x} = \dfrac{f(b)-f(a)}{b-a}$

也就是以前學過的「變化的比例」。

　　y 是 x 的函數時，**y 變化量（Δy）對 x 變化量（Δx）**[*3]**的比例**，稱為平均變化率（average change rate）。當 $y = f(x)$，x 從 a 變化到 b 時，y 也會從 $f(a)$ 變化到 $f(b)$，平均變化率如下：

$$平均變化率 = \frac{\Delta y}{\Delta x} = \frac{f(b)-f(a)}{b-a}$$

　　平均變化率在 $y = f(x)$ 圖形上，表示連接 $A(a, f(a))$、$B(b, f(b))$ 兩點的直線斜率。

---

*3 Δ（delta）是常用來表示變化量的希臘文字。

◤微分係數

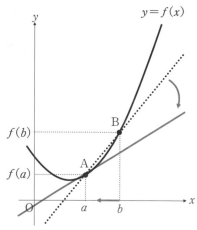

$\overline{AB}$ 的斜率＝平均變化率 $= \dfrac{f(b)-f(a)}{b-a}$

$$\Downarrow \quad b \to a$$

A 點的切線斜率＝微分係數＝$f'(a)$

當 b 愈是趨近 a，$\overline{AB}$ 的斜率會愈趨近 A 點的切線斜率。

平均變化率的 x 變化量（$b-a$）趨近無限小的極限，稱為微分係數（differential coefficient），記為$f'(a)$。

$$f'(a)=\lim_{b \to a}\frac{f(b)-f(a)}{b-a}=\lim_{h \to 0}\frac{f(a+h)-f(a)}{h}$$

假設 $b=a+h$，則 $b \to a$ 時，$h \to 0$。

$f'(a)$ 表示 $y=f(x)$ 的圖形在 $x=a$ 處的切線斜率。

◤導函數

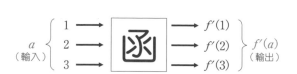

$f'(a)$ 的值取決於 a 值，所以 $f'(a)$ 是 a 的函數。

$$f'(x)=\lim_{h \to 0}\frac{f(x+h)-f(x)}{h}$$

由上式決定的 $f'(x)$ 是 x 的函數，**$f'(x)$ 稱為 $f(x)$ 的** 導函數（derivative）。$y=f(x)$ 的導函數符號除了 $f'(x)$，還有y'、$\dfrac{dy}{dx}$、$\dfrac{d}{dx}f(x)$等[*4]。另外，微分（differentiate）也就是**求導函數**。

*4 後面會體會到將平均變化率極限的微分係數視為函數，表示成導函數$f'(x)=\lim\limits_{\Delta x \to 0}\dfrac{\Delta y}{\Delta x}=\dfrac{dy}{dx}$ 的好處。

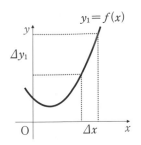 積的導函數

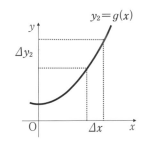

$\Delta x \to 0$ 的時候
$\Delta y_1 \to 0$
$\Delta y_2 \to 0$

已知 $y_1 = f(x)$、$y_2 = g(x)$，討論微分兩者相乘 $y_1y_2 = f(x)g(x)$ 的函數。

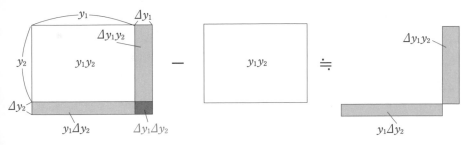

如同上圖，將 y_1y_2 想成橫長 y_1、縱長 y_2 的長方形面積，當 x 增加 Δx，橫長增加 Δy_1、縱長增加 Δy_2。若 Δx 為趨近 0 的值，則 Δy_1 和 Δy_2 也會是趨近 0 的值，**$\Delta y_1 \Delta y_2$ 的面積小到可以忽略**。所以，此時的面積增加量為 $\Delta(y_1y_2)$。

$$\Delta(y_1y_2) \fallingdotseq \Delta y_1 y_2 + y_1 \Delta y_2$$

由此可知

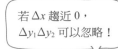

若 Δx 趨近 0，
$\Delta y_1 \Delta y_2$ 可以忽略！

$$\frac{\Delta(y_1y_2)}{\Delta x} \fallingdotseq \frac{\Delta y_1}{\Delta x} y_2 + y_1 \frac{\Delta y_2}{\Delta x} \rightarrow \frac{d(y_1y_2)}{dx} = \frac{dy_1}{dx} y_2 + y_1 \frac{dy_2}{dx}$$

因為 $y_1 = f(x)$、$y_2 = g(x)$

$$\frac{d}{dx}\{f(x)g(x)\} = \frac{d}{dx}f(x) \cdot g(x) + f(x) \cdot \frac{d}{dx}g(x) \Rightarrow \{f(x)g(x)\}' = f'(x)g(x) + f(x)g'(x)$$

這是**積的導函數公式**，在微積分上稱為乘積規則（product rule）。

使用微分定義式的證明

假設 $p(x) = f(x)g(x)$

$$p'(x) = \lim_{h \to 0} \frac{p(x+h) - p(x)}{h}$$

$$= \lim_{h \to 0} \frac{f(x+h)g(x+h) - f(x)g(x)}{h}$$

$$= \lim_{h \to 0} \frac{f(x+h)g(x+h) - f(x)g(x+h) + f(x)g(x+h) - f(x)g(x)}{h}$$

$$= \lim_{h \to 0} \frac{\{f(x+h) - f(x)\}g(x+h) + f(x)\{g(x+h) - g(x)\}}{h}$$

$$= \lim_{h \to 0} \left\{ \frac{f(x+h) - f(x)}{h} \cdot g(x+h) + f(x) \cdot \frac{g(x+h) - g(x)}{h} \right\}$$

$$= \boldsymbol{f'(x)g(x) + f(x)g'(x)}$$

> 雖然需要一點技巧，但值得練習。

商 的 導 函 數

使用積的導函數公式，能夠求 $r(x) = \dfrac{f(x)}{g(x)}$ 的導函數。其中，$g(x) \neq 0$。

$$r(x) = \frac{f(x)}{g(x)} \quad \Rightarrow \quad f(x) = r(x)g(x)$$

由積的微分公式得

$$f'(x) = r'(x)g(x) + r(x)g'(x) \quad \Rightarrow \quad r'(x) = \frac{f'(x) - r(x)g'(x)}{g(x)}$$

代入 $r(x) = \dfrac{f(x)}{g(x)}$ 得

$$\left\{ \frac{\boldsymbol{f(x)}}{\boldsymbol{g(x)}} \right\}' = \frac{f'(x) - \dfrac{f(x)}{g(x)}g'(x)}{g(x)} = \frac{1}{g(x)} \left\{ f'(x) - \frac{f(x)}{g(x)}g'(x) \right\}$$

$$= \frac{1}{g(x)} \left\{ \frac{f'(x)g(x) - f(x)g'(x)}{g(x)} \right\} = \frac{\boldsymbol{f'(x)g(x) - f(x)g'(x)}}{\boldsymbol{\{g(x)\}^2}}$$

這稱為**商的導函數公式**。

合成函數的微分

在下圖，函數① $u = f(x)$ 的輸入值為 x、輸出值為 u；函數② $y = g(u)$ 的輸入值為 u、輸出值為 y。

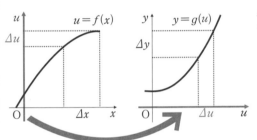

$$y = h(x)$$

$$\boxed{u = f(x)} \qquad \boxed{y = g(u)}$$

$\xrightarrow{x}$ 函① $\xrightarrow{u}$ $\xrightarrow{u}$ 函② $\xrightarrow{y}$

輸入　　　輸出　　輸入　　　輸出

合體的函數

關於函數①和函數②合體起來的函數，若 x 和 y 的關係為 $y = h(x)$，則 $h(x)$ 稱為 $f(x)$ 和 $g(u)$ 的合成函數（composite function）。下面來討論合成函數的微分。

$$\frac{\Delta y}{\Delta x} = \frac{\Delta y}{\Delta u} \cdot \frac{\Delta u}{\Delta x} \rightarrow \frac{dy}{dx} = \frac{dy}{du} \cdot \frac{du}{dx}$$

這個萊布尼茲表示法
（Leibniz notation）
有助於直觀理解！

將 $u = f(x)$ 代入 $y = g(u)$ 得 $y = g(f(x))$，所以

$$\{g(f(x))\}' = \frac{dy}{dx} = \frac{dy}{du} \cdot \frac{du}{dx} = g'(u)f'(x) = g'(f(x))f'(x)$$

這樣記憶合成函數的微分會比較好使用喔！

裡面

$$\{\underbrace{f(\underbrace{g(x)}_{})}_{外面}\}' = \underbrace{\boxed{f'(g(x))}}_{外面微分}\overbrace{\boxed{g'(x)}}^{裡面微分}$$

裡面微分 $(x^2-1)' = 2x$

例） $$\{(x^2-1)^3\}' = \boxed{3(x^2-1)^2} \cdot \boxed{2x}$$

外面微分
$(u^3)' = 3u^2$

$(x^n)' = nx^{n-1}$
（89頁）

各種函數的微分 🌳🌳🌳

> 　　這節終於要介紹各種函數的導函數，只要調查幾個圖形的切線斜率，就能直觀理解許多函數和其導函數的關係。當然，這些還是需要按照定義嚴謹證明(84 頁)。

x^n 的導函數

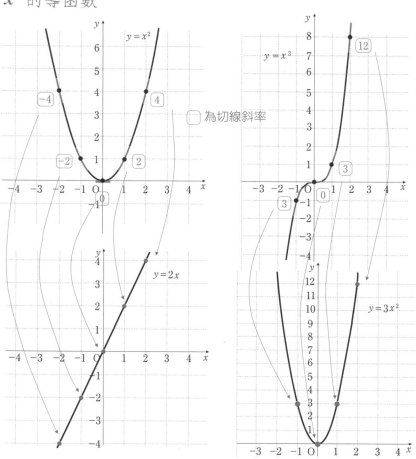

　　如同上圖，調查 $y=x^2$、$y=x^3$ 上幾個點的切線斜率，將（x 座標，切線斜率）標示到下面的座標軸中，可知分別落於 $y=2x$、$y=3x^2$ 上。這暗示了 x^2 的

導函數為 $2x$；x^3 的導函數為 $3x^2$。一般來說，**x^n 的導函數**會是

$$(x^n)' = nx^{n-1}$$

另外，常數函數 c 的切線斜率總是為 0，所以**常數函數 c 的導函數**會是

$$(c)' = 0$$

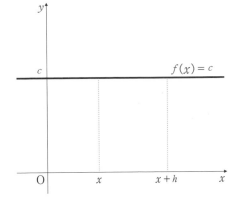

4

微
分
、
積
分

延伸 x^n 的導函數證明

由二項式定理[*5] 可知

$$(x+h)^n = {}_nC_0x^n + {}_nC_1x^{n-1}h + {}_nC_2x^{n-2}h^2 + \cdots\cdots + {}_nC_nh^n$$

其中，

$${}_nC_0 = 1 \text{、} {}_nC_1 = n \text{、} {}_nC_2 = \frac{n(n-1)}{2} \text{、} \cdots\cdots \text{、} {}_nC_n = 1$$

所以，

$$(x+h)^n = x^n + nx^{n-1}h + \frac{n(n-1)}{2}x^{n-2}h^2 + \cdots\cdots + h^n$$

$$(x^n)' = \lim_{h \to 0} \frac{(x+h)^n - x^n}{h}$$

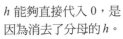

$$f'(x) = \lim_{h \to 0} \frac{f(x+h) - f(x)}{h}$$

$$= \lim_{h \to 0} \frac{x^n + nx^{n-1}h + \dfrac{n(n-1)}{2}x^{n-2}h^2 + \cdots\cdots + h^n - x^n}{h}$$

$$= \lim_{h \to 0} \frac{nx^{n-1}h + \dfrac{n(n-1)}{2}x^{n-2}h^2 + \cdots\cdots + h^n}{h}$$

$$= \lim_{h \to 0} \left\{ nx^{n-1} + \frac{n(n-1)}{2}x^{n-2}h + \cdots\cdots + h^{n-1} \right\} = nx^{n-1}$$

h 能夠直接代入 0，是因為消去了分母的 h。

其中，令 c 為常數，則常數函數 $f(x) = c$ 的導函數會是

$$f'(x) = \lim_{h \to 0} \frac{f(x+h) - f(x)}{h} = \lim_{h \to 0} \frac{c-c}{h} = 0$$

*5（日本現今課程）在數 II 學習的內容。這邊省略證明僅記述結果。
$$(a+b)^n = {}_nC_0a^n + {}_nC_1a^{n-1}b + {}_nC_2a^{n-2}b^2 + \cdots\cdots {}_nC_nb^n$$

三角函數的導函數

【 sin x 的導函數 】

 為切線斜率

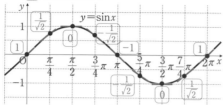

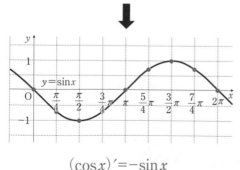

$$(\sin x)' = \cos x$$

比如……$x=0$ 時的切線斜率為 1、$x=\dfrac{\pi}{4}$ 時的切線斜率為 $\dfrac{1}{\sqrt{2}}$ ……調查後，能夠預測 $\sin x$ 的導函數會是 $\cos x$ 。

【 cos x 的導函數 】

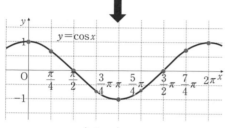

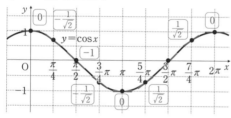

$$(\cos x)' = -\sin x$$

【 tan x 的導函數 】

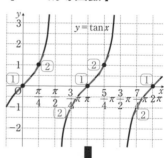

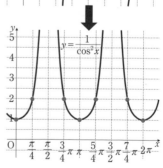

$$(\tan x)' = \frac{1}{\cos^2 x}$$

延伸 三角函數的導函數證明

$$(\sin x)' = \lim_{h \to 0} \frac{\sin(x+h) - \sin x}{h}$$

$$= \lim_{h \to 0} \frac{\sin x \cos h + \cos x \sin h - \sin x}{h}$$

$$= \lim_{h \to 0} \frac{\cos x \sin h + \sin x(\cos h - 1)}{h}$$

$$= \lim_{h \to 0} \frac{\cos x \sin h - \sin x(1 - \cos h)}{h}$$

$$= \lim_{h \to 0} \left(\cos x \frac{\sin h}{h} - \sin x \frac{1 - \cos h}{h} \frac{1 + \cos h}{1 + \cos h} \right)$$

$$= \lim_{h \to 0} \left(\cos x \frac{\sin h}{h} - \sin x \frac{1}{1 + \cos h} \frac{1 - \cos^2 h}{h} \right)$$

$$= \lim_{h \to 0} \left(\cos x \frac{\sin h}{h} - \sin x \frac{1}{1 + \cos h} \frac{\sin^2 h}{h^2} h \right)$$

$$= \cos x \cdot 1 - \sin x \cdot \frac{1}{2} \cdot 1^2 \cdot 0 = \boldsymbol{\cos x}$$

$$(\cos x)' = \left\{ \sin\left(\frac{\pi}{2} - x\right) \right\}'$$

$$= \cos\left(\frac{\pi}{2} - x\right) \cdot (-1)$$

$$= \sin x \cdot (-1) = \boldsymbol{-\sin x}$$

$$(\tan x)' = \left(\frac{\sin x}{\cos x} \right)'$$

$$= \frac{(\sin x)' \cos x - \sin x (\cos x)'}{(\cos x)^2}$$

$$= \frac{\cos x \cdot \cos x - \sin x \cdot (-\sin x)}{\cos^2 x}$$

$$= \frac{\cos^2 x + \sin^2 x}{\cos^2 x} = \frac{\boldsymbol{1}}{\boldsymbol{\cos^2 x}}$$

> $\sin(\alpha + \beta)$
> $= \sin \alpha \cos \beta + \cos \alpha \sin \beta$

> 不需要驚慌，一步步推導下去。

> $\lim_{\theta \to 0} \dfrac{\sin \theta}{\theta} = 1$

> 合成函數的微分：
> 外面微分・裡面微分

> 商的微分：
> $\left\{ \dfrac{f(x)}{g(x)} \right\}' = \dfrac{f'(x)g(x) - f(x)g'(x)}{\{g(x)\}^2}$

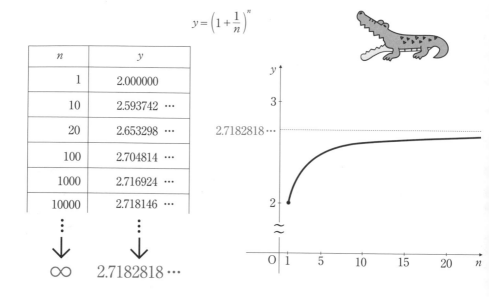

$$y = \left(1 + \frac{1}{n}\right)^n$$

n	y
1	2.000000
10	2.593742 ⋯
20	2.653298 ⋯
100	2.704814 ⋯
1000	2.716924 ⋯
10000	2.718146 ⋯

∞ 2.7182818 ⋯

上表和圖形是 $\left(1 + \frac{1}{n}\right)^n$ 的 n 代入具體數字的計算結果。看來，當 n 值趨近無限大，$\left(1 + \frac{1}{n}\right)^n$ 會趨近於常數 2.7818⋯⋯。這個常數稱為自然對數的底數（base of natural logarithm），取最先詳細研究者歐拉（Euler）的字頭記為 e [*6]。

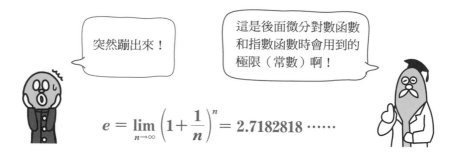

突然蹦出來！

這是後面微分對數函數和指數函數時會用到的極限（常數）啊！

$$e = \lim_{n \to \infty} \left(1 + \frac{1}{n}\right)^n = 2.7182818 \cdots\cdots$$

在數學上，自然對數的底數 e 和圓周率 π 為同等重要的常數，跟圓周率同樣都是無理數（無法表示成分數的數）[*7]。

---

*6 e 稱為歐拉數，也有以自然對數創始人之名稱為納皮爾數。
*7 嚴謹來講，圓周率和自然對數的底數都是超越數（參見 107 頁的 column）。

對數函數的微分

底數為前頁 e 的對數稱為自然對數（natural logarithm），自然對數的表記通常不會寫成 $\log_e x$，而是將 e 省略寫成 $\log x$。[*]

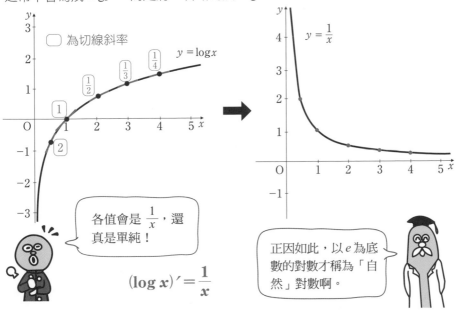

○ 為切線斜率

$y = \log x$

$y = \dfrac{1}{x}$

各值會是 $\dfrac{1}{x}$，還真是單純！

$$(\log x)' = \frac{1}{x}$$

正因如此，以 e 為底數的對數才稱為「自然」對數啊。

延伸 對數函數的微分證明

令 $f(x) = \log x$ [*8]。

$$f'(x) = \lim_{h \to 0} \frac{f(x+h) - f(x)}{h} = \lim_{h \to 0} \frac{\log(x+h) - \log x}{h} = \lim_{h \to 0} \frac{\log \dfrac{x+h}{x}}{h} = \lim_{h \to 0} \frac{\log\left(1 + \dfrac{h}{x}\right)}{h}$$

其中，假設 $\dfrac{h}{x} = t$，則 $h = xt$。$h \to 0$ 時，$t \to 0$

$$f'(x) = \lim_{t \to 0} \frac{\log(1+t)}{xt} = \lim_{t \to 0}\left\{ \frac{\log(1+t)}{t} \cdot \frac{1}{x} \right\} = \lim_{t \to 0} \log(1+t)^{\frac{1}{t}} \cdot \frac{1}{x}$$

$$\boxed{\log_a M - \log_a N = \log_a \frac{M}{N}}$$

$$\boxed{r \log_a M = \log_a M^r}$$

由 $e = \lim_{n \to \infty}\left(1 + \dfrac{1}{n}\right)^n = \lim_{t \to 0}(1+t)^{\frac{1}{t}}$，

$$f'(x) = \lim_{t \to 0} \log(1+t)^{\frac{1}{t}} \cdot \frac{1}{x} = \log e \cdot \frac{1}{x} = 1 \cdot \frac{1}{x} = \frac{1}{x}$$

$$\boxed{\log e = \log_e e = 1}$$

---

*譯註：台灣數學的習慣是，以 10 為底數的對數記成 $\log x$；以無理數 e 為底數的對數記成 $\ln x$。

*8 若底數不是 e，使用換底公式（71 頁）改成 e 就行了。

指數函數的微分

□ 為切線斜率

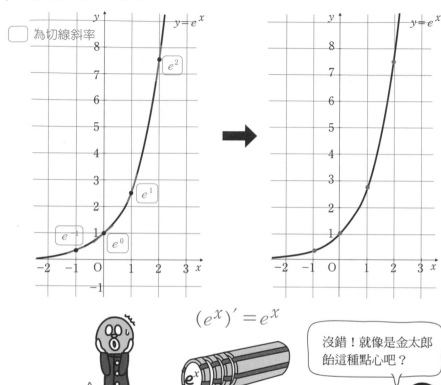

$$(e^x)' = e^x$$

微分後竟然沒有改變！？

沒錯！就像是金太郎飴這種點心吧？

延伸 指數函數的微分證明

假設 $f(x) = e^x$。

$$f'(x) = \lim_{h \to 0} \frac{f(x+h) - f(x)}{h} = \lim_{h \to 0} \frac{e^{x+h} - e^x}{h} = \lim_{h \to 0} \frac{e^x(e^h - 1)}{h} = e^x \lim_{h \to 0} \frac{e^h - 1}{h} \quad \cdots\cdots ①$$

其中，

$$f'(0) = e^0 \lim_{h \to 0} \frac{e^h - 1}{h} = 1 \cdot \lim_{h \to 0} \frac{e^h - 1}{h} = \lim_{h \to 0} \frac{e^h - 1}{h}$$

所以，$\lim_{h \to 0} \dfrac{e^h - 1}{h}$ 為 $y = e^x$ 在 $x = 0$（y 軸截距）的切線斜率。

另一方面，由 $y = e^x$ 的圖形和 $y = \log x (= \log_e x)$ 的圖形，如同下圖對稱於 $y = x$
（73 頁），可知 $y = e^x$ 的圖形在 $x = 0$（y 軸截距）的切線斜率為 1。

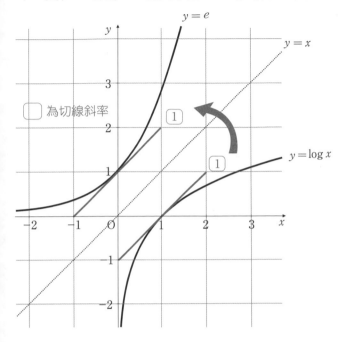

由 $(\log x)' = \dfrac{1}{x}$
可 知，$y = \log x$
在 $x = 1$ 的切線
斜率為 1。

因此，

$$f'(0) = \lim_{h \to 0} \frac{e^h - 1}{h} = 1$$

代入前一頁的①得

$$f'(x) = e^x \lim_{h \to 0} \frac{e^h - 1}{h} = e^x \cdot 1 = \boldsymbol{e^x}$$

$a^{\log_a p} = p$

因為 $\log a$ 為常數，
$(\log a \cdot x)' = \log a$

又 $f(x) = a^x$ 時，使用合成函數的微分（87 頁）可得

$$f'(x) = (a^x)' = \left\{ (e^{\log a})^x \right\}' = (e^{\log a \cdot x})'$$
$$= e^{\log a \cdot x} \cdot (\log a \cdot x)' = e^{\log a \cdot x} \cdot \log a = \boldsymbol{a^x} \cdot \boldsymbol{\log a}$$

平均值定理

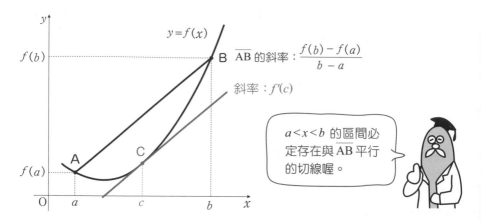

如同上圖，函數 $y = f(x)$ 的圖形在 $a \leqq x \leqq b$ 區間**圓滑連接**時，**必定存在實**數 c 滿足下式：

$$\frac{f(b) - f(a)}{b - a} = f'(c), \quad a < c < b$$

這稱為平均值定理（mean value theorem）。

但是，圖形不是圓滑連接時，平均值定理不成立。

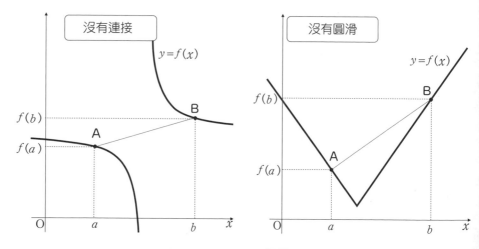

A、B 兩點間不存在與 $\overline{AB}$ 平行的切線

---

*審訂者註：「圓滑」（smooth）在中文較常說為「平滑」，亦即 $f(x)$ 在 $a < x < b$ 之間可微（differentiable），在區間 $[a, b]$ 上連續（continous）。

$\dfrac{4}{4}$ 積分法

許多人會認為數學是先有微分才有積分吧,但就歷史發展來看,積分歷史更為久遠。瞭解到積分其實是微分的「反運算」(微積分的基本定理),可說是數學史上最大的發現也不為過。

⟋不定積分

對於函數 $f(x)$,微分後為 $f(x)$ 的函數,也就是 $F'(x) = f(x)$ 的函數 $F(x)$,稱為 $f(x)$ 的原函數(primitive function)。

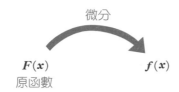

微分

$$F(x) \qquad f(x)$$

原函數

比如,$F(x) = x^2$ 時,因為 $F'(x) = f(x) = 2x$,所以 x^2 是 $2x$ 的原函數。但 $F_1(x) = x^2 + 1$、$F_2(x) = x^2 + 2$、$F_3(x) = x^2 + 3$ 微分後也為 $2x$,所以並非只有 x^2,$x^2 + 1$ 及 $x^2 + 2$、$x^2 + 3$ 也會是 $2x$ 的原函數。常數微分後為 0,所以常數部分可為任意值。

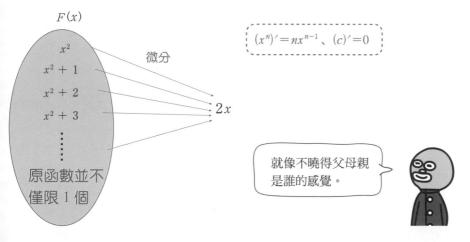

$$F(x)$$

$$x^2$$
微分
$$x^2 + 1$$
$$x^2 + 2$$
$$x^2 + 3$$
$$\vdots$$
$$2x$$

原函數並不
僅限 1 個

$$(x^n)' = nx^{n-1} \, \text{、} \, (c)' = 0$$

就像不曉得父母親
是誰的感覺。

於是，$f(x)$ 的原函數會統一記成

$$\int f(x)dx$$

這稱為 $f(x)$ 的不定積分（indefinite integral）[9]。

假設 $F(x)$ 是 $f(x)$ 的原函數之一，則不定積分通常表為

$$\int f(x)dx = F(x) + C$$

C 稱為**積分常數**。

例 $(x^2)' = 2x \Rightarrow \int 2xdx = x^2 + C$

因為存在各種原函數，所以用 C 作為代表。C 為積分常數，是 Constant 的縮寫。

◤ 定積分

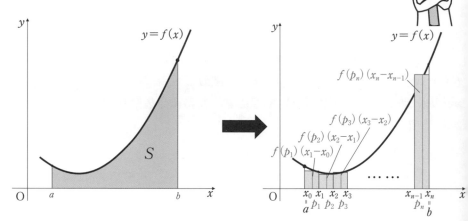

$$S \doteqdot f(p_1)(x_1-x_0) + f(p_2)(x_2-x_1) + f(p_3)(x_3-x_2) + \cdots\cdots + f(p_n)(x_n-x_{n-1})$$

左邊的面積 S 大約等於右邊 n 個長方形的面積和嘛。

在上式，假設 $(x_1-x_0) = \Delta x_1$、$(x_2-x_1) = \Delta x_2$、$(x_3-x_2) = \Delta x_3$、$\cdots\cdots$、$(x_n-x_{n-1}) = \Delta x_n$，則可寫成

---

[9] 符號 $\int$ 唸作「積分」或者「Integral」。

$$S \doteqdot f(p_1)\varDelta x_1 + f(p_2)\varDelta x_2 + f(p_3)\varDelta x_3 + \cdots\cdots + f(p_n)\varDelta x_n = \sum_{i=1}^{n} f(x_i)\varDelta x_i$$

其中，$\sum$（求和符號）為「**集結相加**」的意思[*10]。

當 n 趨近無限大，右邊的極限可如下寫成：

$$\sum_{i=1}^{n} f(x_i)\varDelta x_i \xrightarrow[n\to\infty]{} \int_a^b f(x)dx$$

$n\to\infty$ 時，S 和長方形面積和的誤差會趨近無限小，所以

$$S = \int_a^b f(x)dx$$

這稱為函數 $f(x)$ **從 a 到 b 的** 定積分（definite integral）[*11]。另外，當 $\int$ 上下限為 a 和 b 時，表示曲線 $y=f(x)$ 和 x 軸圍出的面積 S 中，從 $x=a$ 到 $x=b$ 的部分面積。

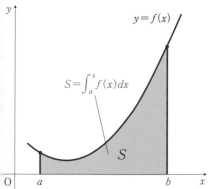

（定）積分就是以相加
（累積）細長長方形，
來求曲線圍出的部分
面。

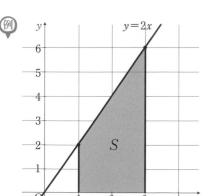

$$S = \int_1^3 2x\,dx\,(x) = 8$$

這面積是梯形，所以
$S = (2+6)\times2\div2 = 8$！

微積分的基本定理

已知 $F(x)$ 是 $f(x)$ 的原函數之一，也就是 $F'(x)=f(x)$，由平均值定理（96頁）可知存在 p_i 滿足[12]

$$\frac{F(x_i)-F(x_{i-1})}{x_i-x_{i-1}}=F'(p_i)=f(p_i), \quad x_{i-1}<p_i<x_i \quad [i=1,2,3,\cdots,n]$$

移項可得

$$F(x_i)-F(x_{i-1})=f(p_i)(x_i-x_{i-1})$$

將 i 代入 $1,2,3,...,n$ 相加

$$F(x_1)-F(x_0)=f(x_1)(x_1-x_0)$$
$$F(x_2)-F(x_1)=f(x_2)(x_2-x_1)$$
$$F(x_3)-F(x_2)=f(x_3)(x_3-x_2)$$
$$\vdots$$
$$+)\ F(x_n)-F(x_{n-1})=f(x_n)(x_n-x_{n-1})$$

$$F(x_n)-F(x_0)=\sum_{i=1}^{i=n}f(p_i)\Delta x_i$$

$$\begin{array}{c} x_0=a \\ x_n=b \end{array} \Bigg\downarrow \quad n\to\infty$$

$$F(b)-F(a)=\int_a^b f(x)dx$$

右式好像在前面看過……。

$$S\doteqdot\sum_{i=1}^{i=n}f(p_i)\Delta x_1=f(x_1)(x_1-x_0)+f(x_2)(x_2-x_1)+f(x_3)(x_3-x_2)+\cdots+f(x_n)(x_n-x_{n-1})$$

由此可知，$f(x)$ 從 a 到 b 的定積分（98 頁圖示的面積 S）**等同於，將原函數 $F(x)$ 的 x 代入 b 減去代入 a 的數值**。這稱為微積分的基本定理（fundamental theorem of calculs）。

---

[12] 由 $F'(x)=f(x)$ 可知 $F(x)$ 為可微分函數，所以會是「圓滑（平滑）連接的函數」。

各種函數的不定積分

微分和積分是一體兩面的關係。

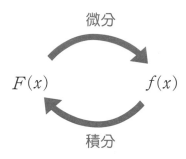

$$F(x) \xrightarrow{\text{微分}} f(x)$$

$$f(x) \xrightarrow{\text{積分}} F(x)$$

下面來用積分是微分的反運算，推導各種函數的不定積分。

（i） $\left(\dfrac{1}{n+1}x^{n+1}\right)' = x^n \;\Rightarrow\; \int x^n dx = \dfrac{1}{n+1}x^{n+1} + C \quad [n \neq -1]$

（ii） $(\sin x)' = \cos x \;\Rightarrow\; \int \cos x\, dx = \sin x + C$

（iii） $(\cos x)' = -\sin x \;\Rightarrow\; \int \sin x\, dx = -\cos x + C$

（iv） $(\tan x)' = \dfrac{1}{\cos^2 x} \;\Rightarrow\; \int \dfrac{1}{\cos^2 x}\, dx = \tan x + C$

（v） $(e^x)' = e^x \;\Rightarrow\; \int e^x dx = e^x + C$

（vi） $(a^x)' = a^x \cdot \log a \;\Rightarrow\; \int a^x dx = \dfrac{1}{\log a}a^x + C \quad 〔a > 0 \text{ 且 } a \neq 1〕$

（vii） $(\log x)' = \dfrac{1}{x} \;\Rightarrow\; \int \dfrac{1}{x} dx = \log|x| + C$

〔C 為積分常數〕

微分只要按照微分的定義來計算，基本上都能夠順利解題，但積分的計算有許多困難的地方，需要學習各種技巧才行。後面要學的「代換積分法」「部分積分法」，就是代表的解題技巧。

延伸 $\dfrac{1}{x}$ 的不定積分不是 $\log x$ 而是 $\log |x|$ 的理由

如同「對數函數」所述，對數的真數（$\log x$ 的 x）必須為正數，但 $\dfrac{1}{x}$ 的 x 有可能為負數。於是，我們可如下討論：

首先，$x>0$ 時（93 頁），

$$(\log\ x)' = \frac{1}{x}$$

$x<0$ 時，使用合成函數的微分（87 頁）如下計算：

$$\{\log(-x)\}' = \underbrace{\frac{1}{-x}}_{\text{外面微分}} \cdot \underbrace{(-x)'}_{\text{裡面微分}} = \frac{1}{-x} \cdot (-1) = \frac{1}{x}$$

積分是微分的反運算，所以

$$\int \frac{1}{x}dx = \begin{cases} \log x + C & [x>0] \\ \log(-x) + C & [x<0] \end{cases} \quad \cdots ①$$

另一方面，x 的絕對值是

$$|x| = \begin{cases} x & [x>0] \\ -x & [x<0] \end{cases}$$

因此，使用絕對值後，①可改寫成

$$\int \frac{1}{x}dx = \log|x| + C$$

> 許多人對絕對值感到棘手，但只要能夠分開討論就沒問題。

102

代換積分法

關於函數 $f(x)$ 的不定積分 $\int f(x)dx$，當 x 為可微分的 t 函數 $g(t)$，表示成 $x = g(t)$，

$$\frac{dx}{dt} = g'(t) \quad \rightarrow \quad dx = g'(t)dt$$

如此變形後[13]，$\int f(x)dx$ 能夠如下重新改寫：

把 $\frac{dy}{dx}$ 當作分數來處理會很方便！

$$\overset{x=g(t)}{\int f(x)\underline{dx}} = \int f(g(t))\underline{g'(t)dt}$$
$$\underset{dx = g'(t)dt}{\rule{0pt}{0pt}}$$

以這樣的變形來求積分的方法，稱為代換積分法（integration by substitution）。

$\int \sqrt[x]{2x+3}dx...\text{①}$
假設 $\sqrt{2x+3} = t$

$$2x+3 = t^2 \Rightarrow x = \frac{t^2-3}{2} \Rightarrow \frac{dx}{dt} = \frac{2t}{2} = t \Rightarrow dx = tdt$$

代入①得

$$\int x\sqrt{2x+3}\,dx = \int \frac{t^2-3}{2} \cdot t \cdot t dt = \int \frac{t^4-3t^2}{2}dt = \frac{1}{2}\left(\frac{1}{5}t^5 - 3 \cdot \frac{1}{3}t^3\right) + C = \frac{1}{10}t^5 - \frac{1}{2}t^3 + C$$

$$= \left(\frac{1}{10}t^2 - \frac{1}{2}\right)t^3 + C = \left\{\frac{1}{10}(\sqrt{2x+3})^2 - \frac{1}{2}\right\}(\sqrt{2x+3})^3 + C$$

$$= \left(\frac{2x+3}{10} - \frac{1}{2}\right)(2x+3)\sqrt{2x+3} + C = \frac{x-1}{5}(2x+3)\sqrt{2x+3} + C$$

---

[13] 本來必須證明允許如此變形，但本書省略這個部分。

這只是一種的技巧，沒有太深的含義。

延伸 常見的代換方法

含有 $\sqrt[n]{ax+b} \Rightarrow$ 假設 $\sqrt[n]{ax+b}=t$

含有 $\sqrt{x^2+A} \Rightarrow$ 假設 $x+\sqrt{x^2+A}=t$

$\int f(ax+b)dx$ 的形式 $\Rightarrow$ 假設 $ax+b=t$

$\int f(g(x)g'(x))dx$ 的形式 $\Rightarrow$ 假設 $g(x)=t$

僅適用定積分

含有 $\sqrt{a^2-x^2} \Rightarrow$ 假設 $x=a\sin\theta$

含有 $\dfrac{1}{x^2+a^2} \Rightarrow$ 假設 $x=a\tan\theta$

部分積分

將積的導函數公式（85 頁）如下變形：

$$\{f(x)g(x)\}'=f'(x)g(x)+f(x)g'(x) \quad \Rightarrow \quad f'(x)g(x)=\{f(x)g(x)\}'-f(x)g'(x)$$

兩邊取不定積分，可得下述公式：

$$\int f'(x)g(x)dx=f(x)g(x)-\int f(x)g'(x)dx$$

以這樣的變形來求積分的方法，稱為部分積分法（integration by parts）。由積的導函數公式可知

$$f(x)g'(x)=\{f(x)g(x)\}'-f'(x)g(x)$$

同樣兩邊取不定積分，可得下式[14]：

$$\int f(x)g'(x)dx=f(x)g(x)-\int f'(x)g(x)dx$$

「1」隱藏起來了！

例

$$\int \log x\, dx = \int \overset{f'}{1} \cdot \overset{g}{\log x}\, dx = \overset{f}{x} \cdot \overset{g}{\log x} - \int \overset{f}{x} \cdot \overset{g'}{\frac{1}{x}} dx$$

$$= x\log x - \int 1dx = x\log x - x + C$$

---

[14] 部分積分法強大到連數學家也認為：「當積分運算碰到困難時，可先嘗試使用部分積分。」

$\dfrac{4}{5}$ 積分法的應用

[　如同前述，定積分表示面積。使用定積分「相加分割圖形」的思維，
也能求酒樽等曲面圍起來的立體體積。]

體積

　　將曲面圍起來的面積分割成數個細長的長方形，再相加長方形面積求得近
似原圖形的面積，這樣的想法早在西元前就已經有了[*15]。因此，（作為求積法
的）積分比微分具有更為久遠的歷史。

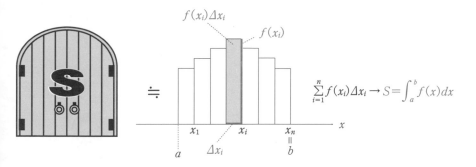

$$\sum_{i=1}^{n} f(x_i)\Delta x_i \rightarrow S = \int_a^b f(x)dx$$

　　同理，酒樽等曲面圍起來的體積，也能夠分割成數塊薄圓盤，再相加薄圓
盤面積求得近似原立體的體積，所以可透過定積分計算立體的體積。

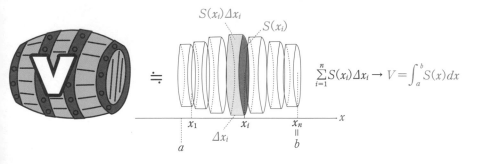

$$\sum_{i=1}^{n} S(x_i)\Delta x_i \rightarrow V = \int_a^b S(x)dx$$

---

*15 據說是阿基米德（Archimedes，前 287 ？－前 212）想出演變成今積分的求積法。

曲線的長度

這是將曲線分割成數個線段，再相加線段長求得曲線長度的近似值！

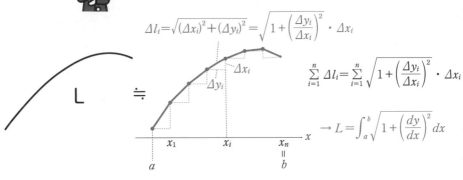

$$\Delta l_i = \sqrt{(\Delta x_i)^2 + (\Delta y_i)^2} = \sqrt{1 + \left(\frac{\Delta y_i}{\Delta x_i}\right)^2} \cdot \Delta x_i$$

$$\sum_{i=1}^{n} \Delta l_i = \sum_{i=1}^{n} \sqrt{1 + \left(\frac{\Delta y_i}{\Delta x_i}\right)^2} \cdot \Delta x_i$$

$$\rightarrow L = \int_a^b \sqrt{1 + \left(\frac{dy}{dx}\right)^2} \, dx$$

沒錯！順便一提，各線段長可用「畢氏定理」來計算。

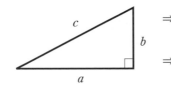

$$\Rightarrow a^2 + b^2 = c^2$$

$$\Rightarrow c = \sqrt{a^2 + b^2}$$

一般來說，關於 x 函數的某變化量 F，若 $\Delta F \fallingdotseq f(x)\Delta x$ 的近似式成立，則

$$\frac{\Delta F}{\Delta x} \fallingdotseq f(x) \rightarrow \frac{dF}{dx} = f(x) \rightarrow F(b) - F(a) = \int_a^b f(x)dx$$

上帝賜予的常數

截至 2016 年 12 月，**圓周率 π** 計算到小數點後 22 兆 4591 億 5771 萬 8361 位數（編註：於 2019 年計算至 31.4 兆位），但這個計算仍舊沒有「終點」。圓周率是小數點後不規則無限延續的無理數（無法表示成分數的數）。換言之，圓周率是絕對無法知道正確數值的數。

與 π 相同，**自然對數的底數**（稱為歐拉數或者納皮爾數）*e*（92 頁）也是無理數。而且，π 和 e 都歸屬於**超越數（transcendental number）**這個分類。所謂的超越數，是指「不能成為有理數係數的代數方程式解的數」。簡單來説，超越數是無法僅以加法、減法、乘法、除法表述的數。

x 為超越數時，*x* 不會是僅以自然數、＋、－、×、÷ 組成的方程式解。比如，$\sqrt{2}$ 為無理數，但可以是方程式 $x \times x = 2$ 的解，所以 $\sqrt{2}$ 不是超越數。

想要證明某數不為超越數，只要找出解為該數「以自然數、＋、－、×、÷ 組成的方程式」就行了，但想要證明某數為超越數一般是非常困難的。

接觸自然科學後，會訝異代表如此複雜數的 π 和 e，竟然出現於各式各樣的情況中。其中，最令人感到驚訝的是，歐拉公式 $e^{i\theta} = \cos\theta + i\sin\theta$ 的 θ 代入 π 可得下式。

$e^{i\pi} + 1 = 0$

這個由 π、e、i（虛數單位：168 頁）、1（乘法的單位元素）、0（加法的單位元素）數學中最重要的五個數組成的式子，經常被譽為「**世界上最美的數學式**」。

IT 企業 Google 公司的名字語源是大數單位古戈爾（googol：1 古戈爾為 10 的 100 次方），是由美國數學家愛德華・卡斯納（Edward Kasner）提出，他對由歐拉公式推導出來的這條式子説道：

「我們能夠做的事情不是停下來探尋深意，而是直接謄寫這個數學式。對神祕主義者、科學家、數學家來説，這個數學式具有同等的吸引力。」

實際上，不少人將 π 和 e 稱為「**上帝賜予的常數**」。

In the sign of "sigma"

第5章 數列

$\frac{5}{1}$ 等差數列與等差級數

在具有一定秩序的數列中，有不少令人意外的規則。期望這節能讓讀者重新體會數列的意外性。

什麼是數列？

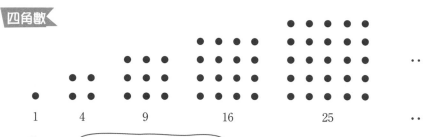

四角數

1　　4　　　9　　　　16　　　　　　25　　　　…

點排列成正多角形的形狀時，其所包含的點總數稱為多角數喔。

若排列成正方形，就是四角數；排列成正三角形，就是三角數。

三角數

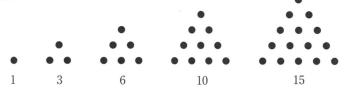

1　　3　　　6　　　　10　　　　　15　　　　　…

三角數由小到大排成一列

$$1 \text{、} 3 \text{、} 6 \text{、} 10 \text{、} 15 \cdots\cdots$$

四角數也以同樣方式排列

$$1 \text{、} 4 \text{、} 9 \text{、} 16 \text{、} 25 \text{、} \cdots\cdots$$

數字像這樣排成的串列稱為數列（progression）[1]，構成數列的各數稱為數列的項（term）。數列的項從最初的項依序稱為第 1 項（或者**首項**）、第 2 項、

---

*1 數列的英文也稱為 "sequence"。

第 3 項、……、第 n 項。若為有限數列，則最後的項又稱為**末項**。

　　使用文字一般化表示數列時，如下：

$$a_1, a_2, a_3, \cdots\cdots, a_n, \cdots\cdots$$

有時會統一簡記為 $\{a_n\}$。其中，第 n 項表示成 n 的數學式時，稱為**一般項**。

(例) 四角數的一般項：$a_n = n^2$

三角數的一般項[*2]：$a_n = \dfrac{n(n+1)}{2}$

等差數列

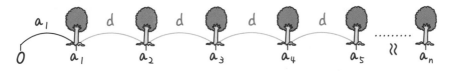

　　如同上圖，樹木以等間隔 d 排列。令到首棵樹木的距離為 a_1、到第二棵樹木的距離為 a_2、到第三棵樹木的距離為 a_3、到第四棵樹木的距離為 a_4、到第五顆樹木的距離為 a_5……，則 a_1、a_2、a_3、a_4、a_5、……會是以等間隔 d 排列的數列。

$$
\begin{array}{ccccccccc}
& +d & & +d & & +d & & +d & \\
a_1 & & a_2 & & a_3 & & a_4 & & a_5
\end{array}
$$

　　像這樣**相鄰項差距固定的數列**，稱為等差數列（arithmetic progression），而 d 稱作**公差（common differnce）**。

　　$\{a_n\}$ 為等差數列時，

$$a_2 = a_1 + d、a_3 = a_1 + 2d、a_4 = a_1 + 3d、a_5 = a_1 + 4d、\cdots\cdots$$

　　所以，**等差數列的一般項 a_n** 為

$$\boldsymbol{a_n = a_1 + (n-1)d}$$

---

*2 下一頁會敘述三角數一般項如此表示的理由。

等差數列的和

三角數由小到大依序排列，則第 n 個三角數會是從 1 到 n 的自然數和「$1+2+3+\cdots+n$」。三角數總和的計算方式如下：

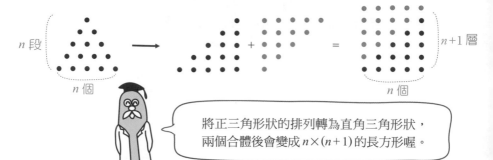

將正三角形狀的排列轉為直角三角形狀，
兩個合體後會變成 $n\times(n+1)$ 的長方形喔。

由圖可知，第 n 個三角數會是 $\dfrac{n(n+1)}{2}$。

從 1 到 n 依序排列的自然數會是首項 1、末項 n、項數 n 的等差數列，所以「$1+2+3+\cdots+n$」為等差級數。

首項 a_1、末項 a_n、項數 n 的等差級數也可用完全相同的計算方式。

準備 n 個寬 1、高為 a_1、a_2、a_3、……、a_n 的長方形，
則 $S_n = a_1+a_2+a_3+\cdots+a_n$ 會是 n 個長方形的面積和喔。

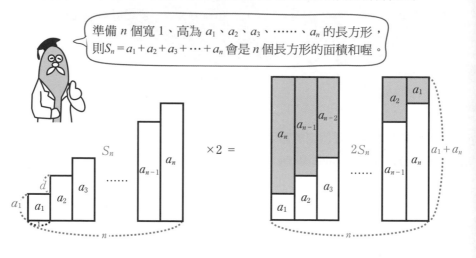

$\{a_n\}$ 為等差數列時，令 $S_n = a_1+a_2+a_3+\cdots+a_n$，則

$$S_n = \frac{n(a_1+a_n)}{2} \quad \left[\frac{\text{項數}\times(\text{首項}+\text{末項})}{2}\right]$$

$\dfrac{5}{2}$ 等比數列與等比級數

> 等比級數的公式，是高中生容易忘記的前三個公式吧。雖然看起來有些複雜，但只要理解推導過程就容易記在腦裡。

等比數列

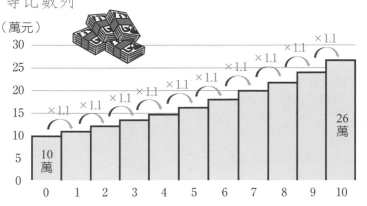

> 如果年複利為 10 %，10 年後就變成 2.6 倍！

假設利率以年複利[*3] 10 %計算[*4]，若最初存款為 10 萬元，存款餘額會不斷增加

$$10、10 \times 1.1、10 \times 1.1^2、10 \times 1.1^3、\cdots\cdots、$$

10 年後的存款餘額會是 $10 \times 1.1^{10} \fallingdotseq 25.9$ 萬元。

$$a_1 \quad a_2 \quad a_3 \quad a_4 \quad a_5$$

一般來說，**各數為前一個數乘上固定數值 r 的數列**，稱為等比數列（geometric progression），而 r 稱為**公比（common ratio）**。

$$a_2 = a_1 r、\ a_3 = a_1 r^2、\ a_4 = a_1 r^3、\ a_5 = a_1 r^4、\cdots\cdots$$

所以，**等比數列的一般項 a_n** 如下：

$$a_n = a_1 r^{n-1}$$

---

*3 以本金加上利息來計算下一期的利息。
*4 1970 年～1980 年代，日本郵局儲蓄的 10 年定存年利率曾經超過 10 %。

等比級數的和

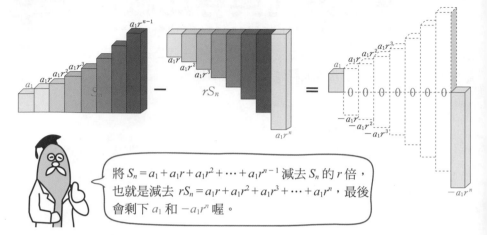

將 $S_n = a_1 + a_1 r + a_1 r^2 + \cdots + a_1 r^{n-1}$ 減去 S_n 的 r 倍，也就是減去 $r S_n = a_1 r + a_1 r^2 + a_1 r^3 + \cdots + a_1 r^n$，最後會剩下 a_1 和 $-a_1 r^n$ 喔。

這邊來求公比不為 1 的等比級數吧。已知

$$S_n = a_1 + a_1 r + a_1 r^2 + \cdots\cdots + a_1 r^{n-2} + a_1 r^{n-1} \quad (r \neq 1)$$

則 $S_n - r S_n$ 會是

$$
\begin{array}{rccccccccc}
S_n &=& a_1 &+& a_1 r &+& a_1 r^2 &+& \cdots\cdots &+& a_1 r^{n-2} &+& a_1 r^{n-1} \\
-)\ r S_n &=& & & a_1 r &+& a_1 r^2 &+& & & a_1 r^{n-2} &+& a_1 r^{n-1} &+& a_1 r^n \\
\hline
S_n - r S_n &=& a_1 & & & & & & & & & & & & -\ a_1 r^n
\end{array}
$$

整理後，$(1-r)S_n = a_1 - a_1 r^n = a_1(1-r^n)$

因為 $r \neq 1$，所以兩邊除以 $(1-r)$ 可得

$$S_n = \frac{a_1(1-r^n)}{1-r} \quad (r \neq 1) \qquad \left[\frac{首項(1-公比^{項數})}{1-公比}\right]$$

而 $r=1$ 時，S_n 會是 n 個 a_1 相加，所以

$$S_n = n a_1$$

∑符號

【 據說文組學生特別不擅長 ∑（求和符號），但熟悉後就會覺得方便。 】

▼ ∑ 的意義

$$\sum_{k=1}^{n} a_k = a_1 + a_2 + a_3 + \cdots + a_n$$

$\displaystyle\sum_{k=p}^{q} a_k$ 意為 a_k 的 k 從 p 到 q 逐次加 1 代入，全部加起來。

將數列 $\{a_n\}$ **從首項到第 n 項的和**使用符號 ∑ 表示，記為 $\displaystyle\sum_{k}^{n} a_k$。由下述例子可知，我們也能夠從 1 以外的數字開始計算，或者將 k 換成其他文字。

 例

$$\sum_{k=1}^{5} a_k = a_1 + a_2 + a_3 + a_4 + a_5$$

$$\sum_{k=3}^{10} k^2 = 3^2 + 4^2 + 5^2 + 6^2 + 7^2 + 8^2 + 9^2 + 10^2$$

$$\sum_{l=1}^{5} (2l+1) = (2 \cdot 1 + 1) + (2 \cdot 2 + 1) + (2 \cdot 3 + 1) + (2 \cdot 4 + 1) + (2 \cdot 5 + 1)$$

▨ Σ 的計算公式

（ i ）

$$\sum_{k=1}^{n} c = nc \quad \text{〔}c\text{為跟}k\text{無關的常數〕}$$

（ ii ）

$$\sum_{k=1}^{n} k = \frac{n(n+1)}{2}$$

把這些記起來，後面會很有幫助喔！

（ iii ）

$$\sum_{k=1}^{n} k^2 = \frac{n(n+1)(2n+1)}{6}$$

（ iv ）

$$\sum_{k=1}^{n} k^3 = \left\{ \frac{n(n+1)}{2} \right\}^2$$

解說

（ i ）請想成 c 的後面隱藏了 1^k。

$$\sum_{k=1}^{n} c = \sum_{k=1}^{n} c \cdot 1^k$$
$$= c \cdot 1^1 + c \cdot 1^2 + c \cdot 1^3 + \cdots + c \cdot 1^n$$
$$= \underbrace{c + c + c + \cdots + c}_{} = nc$$

（ ii ）使用前面的等差級數（112 頁）馬上就能寫出

$$\sum_{k=1}^{n} k = 1 + 2 + 3 + \cdots + n = \frac{n(1+n)}{2} = \frac{n(n+1)}{2}$$

等差級數的和：
$$S_n = \frac{n(a_1 + a_n)}{2}$$

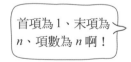

首項為 1、末項為 n、項數為 n 啊！

（ iii ）和（ iv ）的數學式證明複雜，這邊用圖解來説明。

$\sum\limits_{k=1}^{n} k^2$ 的公式圖解

將 1 顆 1 公斤的球、2 顆 2 公斤的球、3 顆 3 公斤的球,如下圖排列成三角形狀。然後,改變同樣 6 顆球的排列方式,堆疊三層。

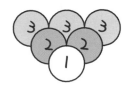

一層的重量為……

$$1\times 1 + 2\times 2 + 3\times 3 = 1^2 + 2^2 + 3^2 = \sum_{k=1}^{3} k^2 \text{ [kg]}$$
[kg]　　[kg]　　[kg]

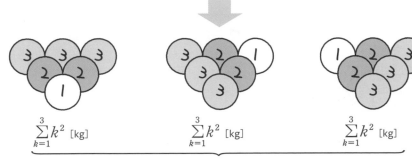

$\sum\limits_{k=1}^{3} k^2$ [kg]　　$\sum\limits_{k=1}^{3} k^2$ [kg]　　$\sum\limits_{k=1}^{3} k^2$ [kg]

堆疊

一層的重量為 $\sum\limits_{k=1}^{3} k^2$ [kg],所以堆疊三層(共 18 顆)的球重量為 $3\times\sum\limits_{k=1}^{3} k^2$ [kg]。

縱方向三顆球相加皆為 7[kg]

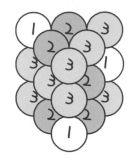

由上往下看……

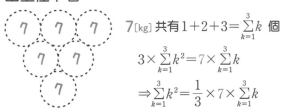

7[kg] 共有 $1+2+3 = \sum\limits_{k=1}^{3} k$ 個

$$3\times\sum_{k=1}^{3} k^2 = 7\times\sum_{k=1}^{3} k$$

$$\Rightarrow \sum_{k=1}^{3} k^2 = \frac{1}{3}\times 7\times\sum_{k=1}^{3} k$$

用同樣的想法推導公式

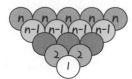
一層的重量為……

$$1 \times 1 + 2 \times 2 + \cdots\cdots + n \times n = 1^2 + 2^2 + \cdots\cdots + n^2 = \sum_{k=1}^{n} k^2$$
[kg] [kg] [kg] [kg]

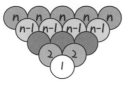
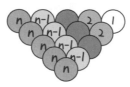
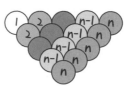

$$\sum_{k=1}^{n} k^2 \text{ [kg]} \qquad \sum_{k=1}^{n} k^2 \text{ [kg]} \qquad \sum_{k=1}^{n} k^2 \text{ [kg]}$$

堆疊

縱方向三顆球相加皆為 $2n+1$ [kg]   由上往下看……

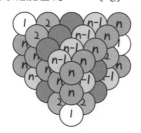

$2n+1$ 個
$2n+1$ $n-1$ 個
2 個
1 個

$2n+1$ [kg] 共有 $1 + 2 + \cdots + (n-1) + n = \sum_{k=1}^{n} k$ 個

$$\Longrightarrow \quad 3 \times \sum_{k=1}^{n} k^2 = (2n+1) \times \sum_{k=1}^{n} k$$

堆疊三層

$$= (2n+1) \times \frac{1}{2} n(n+1)$$

$$= \frac{1}{2} n(n+1)(2n+1) \text{ [kg]}$$

兩邊除以 3……

$$\sum_{k=1}^{n} k^2 = \frac{1}{6} n(n+1)(2n+1)$$

$\sum\limits_{k=1}^{n} k^3$ 的公式圖解

如同下圖，討論單邊長為 1+2+3 的正方形面積。如此一來，正方形的面積可可表示為 $1^3+2^3+3^3$。

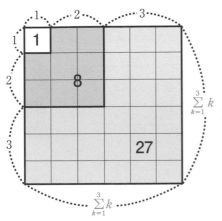

討論面積

$$1+8+27=1^3+2^3+3^3=\sum_{k=1}^{3} k \times \sum_{k=1}^{3} k$$

$\sum\limits_{k=1}^{3} k = 1+2+3$ 是正方形的單邊長啊！

用同樣的想法推導公式

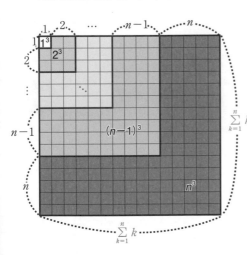

討論面積

$$1^3+2^3\cdots+(n-1)^3+n^3=\sum_{k=1}^{n} k \times \sum_{k=1}^{n} k$$

$$\Longrightarrow \sum_{k=1}^{n} k^3 = \left\{\frac{n(n+1)}{2}\right\} \times \left\{\frac{n(n+1)}{2}\right\}$$

$$\Longrightarrow \sum_{k=1}^{n} k^3 = \left\{\frac{n(n+1)}{2}\right\}^2$$

反 L 字部分（圖深綠部分）的面積為 n^3，可用如下圖形來確認。

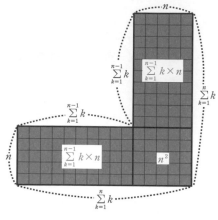

三個長方形面積相加

$$2 \times \sum_{k=1}^{n-1} k \times n + n^2 = 2 \times \frac{(n-1)n}{2} \times n + n^2$$
$$= n^3 - n^2 + n^2$$
$$= n^3$$

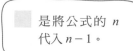

是將公式的 n 代入 $n-1$。

▶ Σ 的性質

Σ 具有下述分配律等方便性質。

$$(2a_1 + 4b_1) + (2a_2 + 4b_2) + (2a_3 + 4b_3) = 2(a_1 + a_2 + a_3) + 4(b_1 + b_2 + b_3)$$

$$\implies \sum_{k=1}^{3}(2a_k + 4b_k) = 2\sum_{k=1}^{3}a_k + 4\sum_{k=1}^{3}b_k$$

能夠做到類似分配律的事情！

一般來說

$$\implies \sum_{k=1}^{n}(pa_k + qb_k) = p\sum_{k=1}^{n}a_k + q\sum_{k=1}^{n}b_k$$

〔其中，p、q 為跟 k 無關的常數〕

$$\sum_{k=1}^{n}(3k^2 - 2k + 5) = 3\sum_{k=1}^{n}k^2 - 2\sum_{k=1}^{n}k + \sum_{k=1}^{n}5$$
$$= 3 \cdot \frac{n(n+1)(2n+1)}{6} - 2\frac{n(n+1)}{2} + 5n$$
$$= \frac{2n^3 + 3n^2 + n - 2n^2 - 2n + 10n}{2}$$
$$= \frac{2n^3 + n^2 + 9n}{2}$$

$$\sum_{k=1}^{n}c = nc$$
$$\sum_{k=1}^{n}k = \frac{n(n+1)}{2}$$
$$\sum_{k=1}^{n}k^2 = \frac{n(n+1)(2n+1)}{6}$$

階差數列

一般來說，各數為數列 $\{a_n\}$ 相鄰兩項差值的數列，稱為 $\{a_n\}$ 的階差數列（progression of differences）。換言之，若

$$b_n = a_{n+1} - a_n \quad (n = 1, 2, 3, \cdots\cdots)$$

則 $\{b_n\}$ 是 $\{a_n\}$ 的階差數列。

等差數列、等比數列的名稱取自數列的性質，而「階差數列」的名稱取自產生方式，跟性質沒有關係。

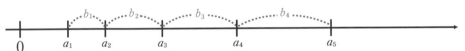

由上圖明顯可知

$$a_5 = a_1 + b_1 + b_2 + b_3 + b_4 = a_1 + \sum_{k=1}^{4} b_k$$

同理，

$$a_{10} = a_1 + \sum_{k=1}^{9} b_k, \quad a_{100} = a_1 + \sum_{k=1}^{99} b_k$$

換言之，對於數列 $\{a_n\}$，$b_n = a_{n+1} - a_n$ 時，$\{a_n\}$ 的一般項可如下表示：

$$a_n = a_1 + \sum_{k=1}^{n-1} b_k \quad \text{〔其中，} n \geqq 2 \text{〕}^{*5}$$

---

*5 需要補充「其中，$n \geqq 2$」，是因為 $\sum$ 的範圍為 $k = 1$ 到 $k = n - 1$。當 $n = 1$ 時，$\sum$ 部分的 $\sum\limits_{k=1}^{0} b_k$ 會變得無意義。

$\dfrac{5}{4}$　遞迴關係式

【 由相鄰項構成的關係式稱為遞迴關係式。 】

遞迴關係式

$$a_{n+1}=3a_n+2 \quad 、 \quad a_{n+2}=a_{n+1}+a_n \quad (n=1, 2, 3, \cdots\cdots)$$

如上，相鄰項之間成立的關係式，稱為遞迴關係式（recurrence relation）。

例　$a_1=1$、$a_2=1$、$a_{n+2}=a_{n+1}+a_n \quad (n=1, 2, 3, \cdots\cdots)$
的時候

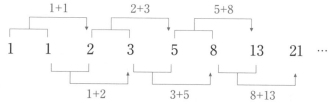

$a_3=a_2+a_1=1+1=\mathbf{2}$
$a_4=a_3+a_2=2+1=\mathbf{3}$
$a_5=a_4+a_3=3+2=\mathbf{5}$
$a_6=a_5+a_4=5+3=\mathbf{8}$
$a_7=a_6+a_5=8+5=\mathbf{13}$
$a_8=a_7+a_6=13+5=\mathbf{21}$
$\cdots\cdots$*6

（一般項如前所述：111頁）

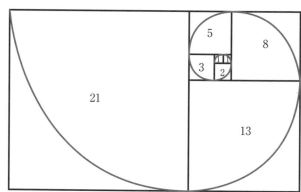

這個數列稱為「費氏數列」，各項出現的數稱為「費氏數」。費氏數經常出現在自然界，比如花瓣數等。

---

*6 費氏數列的相鄰項比接近黃金比例。

相鄰兩項遞迴關係式的解法

數列 $\{a_n\}$ 中，已知

$$a_{n+1} = pa_n + q$$

整理由相鄰兩項的遞迴關係式推導一般項的情況：

（ⅰ）$p=1$、q 為常數時

$\Rightarrow a_{n+1} = a_n + q$ ：$\{a_n\}$ 為等差數列（111 頁）

$\Rightarrow \boldsymbol{a_n = a_1 + (n-1)q}$

（ⅱ）p 為常數、$q=0$ 時

$\Rightarrow a_{n+1} = pa_n$ ：$\{a_n\}$ 為等比數列（113 頁）

$\Rightarrow \boldsymbol{a_n = a_1 p^{n-1}}$

（ⅲ）$p=1$、$q=f(n)$ 時[7]

$\Rightarrow a_{n+1} - a_n = f(n)$ ：$f(n)$ 為 $\{a_n\}$ 的階差數列（121 頁）

$\Rightarrow \boldsymbol{a_n = a_1 + \sum\limits_{k=1}^{n-1} f(k)}$

（ⅳ）p 為非 1 的常數、q 為常數時

$$\begin{array}{r}a_{n+1} = pa_n + q \\ -)\ \alpha = p\alpha + q \quad \text{（特徵方程式）} \\ \hline a_{n+1} - \alpha = p(a_n - \alpha)\end{array}$$

關於特徵方程式的功用，會在下一頁說明！

$\Rightarrow \{a_n - \alpha\}$ 是公比為 p 的等比數列

$\Rightarrow a_n - \alpha = (a_1 - \alpha)p^{n-1}$

$\Rightarrow \boldsymbol{a_n = \left(a_1 - \dfrac{q}{1-p}\right)p^{n-1} + \dfrac{q}{1-p}} \qquad [p \neq 1]$

$$\begin{aligned}&\alpha = p\alpha + q \\ &\Rightarrow \alpha = \frac{q}{1-p}\end{aligned}$$

（ⅴ）p 為非 1 的常數、$q=kn+l$ 時（k、l 為常數）

$$\begin{array}{r}a_{n+2} = pa_{n+1} + k(n+1) + l \\ -)\ a_{n+1} = pa_n + kn + l \\ \hline a_{n+2} - a_{n+1} = p(a_{n+1} - a_n) + k\end{array}$$

令 $b_n = a_{n+1} - a_n$，則 $\{b_n\}$ 適用（ⅳ）形式的遞迴關係式。

---

[7] $q = f(n)$ 意為 q 為 n 的數學式，比如 $q = 2n+1$。

（vi）p 為非 1 的常數、$q=r^n$ 時（r 為常數）

$\Rightarrow a_{n+1}=pa_n+r^n$

$\Rightarrow \dfrac{a_{n+1}}{r^{n+1}}=\dfrac{p}{r}\cdot\dfrac{a_n}{r^n}+\dfrac{1}{r}$

> 兩邊除以 r^{n+1}

令 $b_n=\dfrac{a_n}{r^n}$，則 $\{b_n\}$ 適用（iv）形式的遞迴關係式。

延伸 特徵方程式的功用

假設存在 $a_1=1$、$a_{n+1}=2a_n-1$ 的遞迴關係式，其特徵方程式為 $\alpha=2\alpha-1$，整理後得到 $\alpha=1$。

由下圖可知，令 $\{a_n\}$ 各項減去 a 的數列 $\{a_n-\alpha\}$ 為 $\{a_n-1\}$，可得首項為 $a_1-1=1$、公比為 2 的等比數列。

$a_1=2$　　　　$a_{n+1}=2a_n-1$

（特徵方程式）　　　$\alpha=2\alpha-1 \Rightarrow \alpha=1$

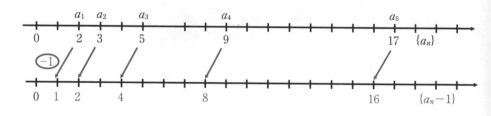

$\{a_n\}$ 僅錯開 a，就變成等比數列。

結果，相鄰兩項遞迴關係式的**特徵方程式**是，讓遞迴關係式產生的數列**回歸等比數列時，計算各項應減去多少的方程式**。

◤相鄰三項遞迴關係式的解法

$$a_{n+2} = pa_{n+1} + qa_n$$

由此相鄰三項遞迴關係式推導一般式的步驟：

步驟①

尋找滿足下式的 α 和 β。

$$p = \alpha + \beta 、 q = -\alpha\beta$$

α 和 β 要怎麼找呢？

使用二次方程式根與係數的關係，
詳細內容在下一頁！

步驟②

使用①的 α 和 β，將給予的遞迴關係式如下變形：

$$a_{n+2} = pa_{n+1} + qa_n \quad \Rightarrow \quad a_{n+2} = (\alpha + \beta)a_{n+1} - \alpha\beta a_n$$

步驟③

將②的式子如下變成兩種形式：

$$a_{n+2} = (\alpha + \beta)a_{n+1} - \alpha\beta a_n \quad \Rightarrow \quad a_{n+2} - \alpha a_{n+1} = \beta(a_{n+1} - \alpha a_n) \cdots(A)$$
$$a_{n+2} = (\alpha + \beta)a_{n+1} - \alpha\beta a_n \quad \Rightarrow \quad a_{n+2} - \beta a_{n+1} = \alpha(a_{n+1} - \beta a_n) \cdots(B)$$

步驟④

由③的 (A) 和 (B) 可知，數列 $\{a_{n+1} - \alpha a_n\}$ 和 $\{a_{n+1} - \beta a_n\}$ 分別為公比為 β、α 的等比數列，求得 $\{a_{a+1} - \alpha a_n\}$ 和 $\{a_{n+1} - \beta a_n\}$ 的一般項。

$$a_{n+2} - \alpha a_{n+1} = \beta(a_{n+1} - \alpha a_n) \quad \Rightarrow \quad a_{n+1} - \alpha a_n = (a_2 - \alpha a_1)\beta^{n-1} \cdots(C)$$
$$a_{n+2} - \beta a_{n+1} = \alpha(a_{n+1} - \beta a_n) \quad \Rightarrow \quad a_{n+1} - \beta a_n = (a_2 - \beta a_1)\alpha^{n-1} \cdots(D)$$

步驟⑤ [*8]

將 (C)−(D)

$$(C)-(D) \quad \Rightarrow \quad (\beta - \alpha)a_n = (a_2 - \alpha a_1)\beta^{n-1} - (a_2 - \beta a_1)\alpha^{n-1}$$

$$\Rightarrow \quad a_n = \frac{(a_2 - \alpha a_1)\beta^{n-1} - (a_2 - \beta a_1)\alpha^{n-1}}{\beta - \alpha}$$

[*8] 若 $\alpha = \beta$，也就是 (C) 和 (D) 是相同的式子時，適用兩項遞迴關係式的（vi）來推導一般項。

假設二次方程式 $ax^2 + bx + c = 0(a \neq 0)$ 的兩根為 α、$\beta(\alpha < \beta)$，由二次方程式的公式解可知

$$\alpha = \frac{-b - \sqrt{b^2 - 4ac}}{2a}、\quad \beta = \frac{-b + \sqrt{b^2 - 4ac}}{2a}$$

$$\Rightarrow \begin{cases} \alpha + \beta = \dfrac{-b - \sqrt{b^2 - 4ac}}{2a} + \dfrac{-b + \sqrt{b^2 - 4ac}}{2a} = \dfrac{-2b}{2a} = -\dfrac{b}{a} \\[4mm] \alpha\beta = \dfrac{-b - \sqrt{b^2 - 4ac}}{2a} \cdot \dfrac{-b + \sqrt{b^2 - 4ac}}{2a} = \dfrac{b^2 - (b^2 - 4ac)}{4a^2} = \dfrac{c}{a} \end{cases}$$

因此，$ax^2 + bx + c = 0(a \neq 0)$ 時，下式成立：

$$\alpha + \beta = -\frac{b}{a}、\quad \alpha\beta = \frac{c}{a}$$

這稱為二次方程式根與係數的關係。

由此可知，

$$\boldsymbol{p = \alpha + \beta、\quad q = -\alpha\beta \quad \Rightarrow \quad \alpha + \beta = p、\quad \alpha\beta = -q}$$

滿足前頁上式的 α 和 β，是此二次方程式的兩根。

$$\boldsymbol{x^2 - px - q = 0} \quad \cdots \text{※} \quad \boxed{\alpha + \beta = -\frac{-p}{1}、\quad \alpha\beta = \frac{-q}{1}}$$

另外，此二次方程式的係數，會與三項遞迴關係式如下變形時的係數一致。

$$a_{n+2} = pa_{n+1} + qa_n \quad \Rightarrow \quad a_{n+2} - pa_{n+1} - qa_n = 0$$

※的二次方程式為**三項遞迴關係式 $\boldsymbol{a_{n+2} = pa_{n+1} + qa_n}$ 的特徵方程式**。

🌹 費氏數列（122 頁）的一般項為

$$a_{n+2} = a_{n+1} + a_n \quad \Rightarrow \quad a_{n+2} - a_{n+1} - a_n = 0$$

特徵方程式為 $x^2 - x - 1 = 0$，求解得

$$\alpha = \frac{1 - \sqrt{5}}{2}、\quad \beta = \frac{1 + \sqrt{5}}{2}$$

$a_1 = 1$、$a_2 = 1$ 時，按照上一頁的步驟求解，可得一般式為

$$\boldsymbol{a_n = \frac{\left(\dfrac{1 + \sqrt{5}}{2}\right)^n - \left(\dfrac{1 - \sqrt{5}}{2}\right)^n}{\sqrt{5}}}$$

5/5 數學歸納法

遇到自然數的命題證明，先嘗試數學歸納法。數學歸納法就是如此強大的證明方法。

 數學歸納法的步驟

數學歸納法（mathematical induction）的步驟如下：

（i）證明 $n=1$ 時成立。

（ii）假設 $n=k$ 時成立，接著證明 $n=k+1$ 時也成立。

為什麼這樣能夠證明呢？

想想多米諾骨牌啊！

以下來討論多米諾骨牌成功的條件。首先，必須確認第一片骨牌能夠倒下（底面未用黏著劑固定）。接著確認第二片以後的所有骨牌，都能在前一片骨牌倒下後跟著倒下。

數學歸納法也是如此，一開始的步驟（i）證明 $n=1$ 的情況，跟多米諾骨牌是相同的思維。不過，多米諾骨牌就算數量很多，但還是有限的，因此能夠檢查每個骨牌，而且也必須這麼做。但是，對於關於自然數的命題，想要具體檢查「全部情況」是不可能的。於是，在數學歸納法的步驟（ii），使用 k 和 $k+1$（使用文字）一般化。

第1片　第2片　第3片　　第 k 片　第 $k+1$ 片　　第 n 片

   …   …

The vector of love

第6章 向量&矩陣

向量的基礎

[　在日本，「向量」與數列合稱為數 B 雙壁。向量是用來表示位移、力
量等由方向和大小構成的量。]

◤有向線段

B
終點

A
起點

　　從 A 地點移動到 B 地點，能夠像上面以箭頭表示。以箭頭等指定方向的
線段，稱為有向線段（oriented segment）。對於**有向線段 AB，A 為起點、B
為終點。**

◤什麼是向量？

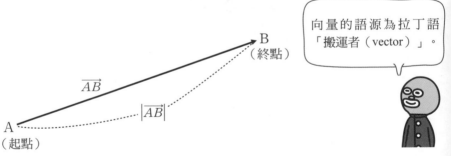

B
（終點）

$\overrightarrow{AB}$

$|\overrightarrow{AB}|$

A
（起點）

> 向量的語源為拉丁語
> 「搬運者（vector）」。

　　有向線段是由位置和方向構成。而不考慮位置，由方向和大小（長度）構
成的稱為向量（vector）。如同上圖，**以點 A 為起點、點 B 為終點有向線段表
示的向量**，記為 $\overrightarrow{AB}$。向量有時也會像$\vec{a}$ 以一個文字和箭頭來表示。

　　另外，用絕對值符號圍起來的 $|\overrightarrow{AB}|$，表示 $\overrightarrow{AB}$ 的大小。若線段 $\overline{AB}$ 的長為
3，則 $|\overrightarrow{AB}|=3$。其中，大小為 1 的向量，特別稱為單位向量（unit vector）。

向量的相等

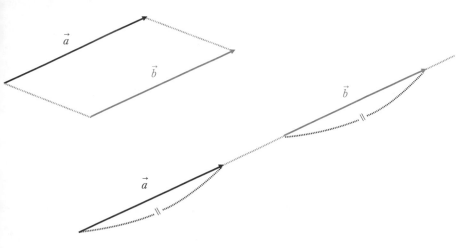

因為向量沒有考慮位置，當 $\vec{a}$ 和 $\vec{b}$ 可如上圖平行移動重合，也就是 $\vec{a}$ 和 $\vec{b}$ 的方向、大小相同時，則稱兩向量**相等**，記為

$$\vec{a} = \vec{b}$$

> 假設 3 位學生在自己的筆記本上，往教室前方黑板畫出長 5 公分的箭頭。這 3 條箭頭在數學上相等（相同）。

$\dfrac{6}{2}$ 向量的加法與減法

【 這節以圖來理解包含大小和方向的向量運算吧。 】

反向量與零向量

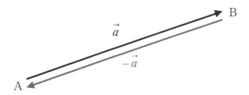

與向量 $\vec{a}$ 大小相同、**方向相反的向量**，稱為反向量（inverse vector），記為 $-\vec{a}$。若 $\vec{a} = \overrightarrow{AB}$，則 $-\vec{a} = \overrightarrow{BA}$。另外，起點和終點一致的向量，可視為**大小為 0 的向量**，稱為零向量（zero vector），記為 $\vec{0}$。$\overrightarrow{AA} = \vec{0}$。

向量的加法

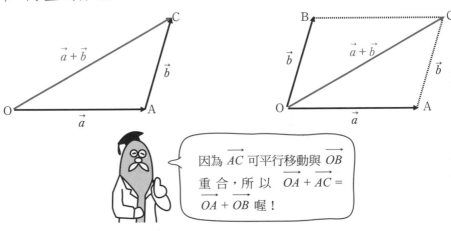

因為 $\overrightarrow{AC}$ 可平行移動與 $\overrightarrow{OB}$ 重合，所以 $\overrightarrow{OA} + \overrightarrow{AC} = \overrightarrow{OA} + \overrightarrow{OB}$ 喔！

$\vec{a} = \overrightarrow{OA}$、$\vec{b} = \overrightarrow{AC}$ 時，定義 $\vec{a}$ 和 $\vec{b}$ 的相加為 $\vec{a} + \vec{b} = \overrightarrow{OC}$。換言之，

$$\overrightarrow{OA} + \overrightarrow{AC} = \overrightarrow{OC}$$

又 $\vec{a}$ 和 $\vec{b}$ 的相加可視為，$\vec{a}$ 和 $\vec{b}$ 起點對齊所形成的平行四邊形對角線。

◤向量的減法

$\vec{a} = \overrightarrow{OA}$、$\vec{b} = \overrightarrow{OB}$ 時,令點 B 對於 O 的對稱點為 B',由反向量的定義可知 $-\vec{b} = \overrightarrow{OB'}$。若想成 $\vec{a} - \vec{b} = \vec{a} + (-\vec{b})$,則 $\vec{a}$ 和 $\vec{b}$ **的相減可定義為** $\vec{a} - \vec{b} = \overrightarrow{BA}$。換言之,

$$\overrightarrow{OA} - \overrightarrow{OB} = \overrightarrow{BA}$$

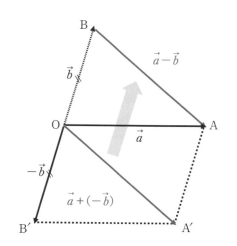

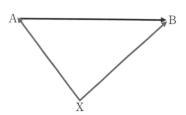

$\vec{a}$ 和 $-\vec{b}$ 形成的平行四邊形對角線是 $\vec{a} + (-\vec{b})$ 啊!

◤起點的變換公式

向量運算的訣竅是對齊起點,此時經常用到這個式子喔!

由 $\overrightarrow{OA} - \overrightarrow{OB} = \overrightarrow{BA}$(對調文字)可得下式[*1]:

$$\overrightarrow{AB} = \overrightarrow{XB} - \overrightarrow{XA}$$

使用這個公式後,向量的起點可變換為任意文字(X)。

---

*1 將 A 和 B 對調、O 換成 X,再將左式與右式反過來。

◤向量的實數倍

對於非 $\vec{o}$ 向量 $\vec{a}$ 和實數 k，$\vec{a}$ 的 k 倍向量 $k\vec{a}$ 如下定義：

（ⅰ）$k>0$ 時

與 $\vec{a}$ 的方向相同、大小為 $|\vec{a}|$ 的 k 倍。

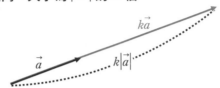

（ⅱ）$k<0$時

與 $\vec{a}$ 的方向相反、大小為 $|\vec{a}|$ 的 $|k|$ 倍。

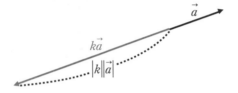

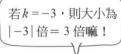

若 $k=-3$，則大小為 $|-3|$ 倍＝ 3 倍嘛！

（ⅲ）$k=0$ 時

零向量

$$0\vec{a}=\vec{0}$$

◤向量的平行條件

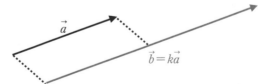

向量 $\vec{a}$ 和向量 $\vec{b}$ 的方向相同或者相反時，稱 $\vec{a}$ 和 $\vec{b}$ 平行，記為 $\vec{a}\,/\!/\,\vec{b}$。由上面「向量的實數倍」的定義可知，$\vec{a}\ne\vec{0}$、$\vec{b}\ne\vec{0}$ **時**，下式成立：

$$存在實數\ k\ 滿足\ \vec{b}=k\vec{a} \Leftrightarrow \vec{a}\,/\!/\,\vec{b}$$

向量的分解

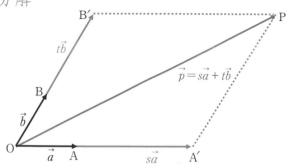

若能選出三點 O、A、B 形成三角形，則平面上的所有向量都能表為一種 $\overrightarrow{OA}$ 和 $\overrightarrow{OB}$ 的組合。

　　若向量 $\vec{a}$ 和向量 $\vec{b}$ 皆為非 $\vec{O}$ 且互不平行（假設 $\vec{a} = \overrightarrow{OA}$、$\vec{b} = \overrightarrow{OB}$，三點 O、A、B 可形成三角形），平面上的任意向量 $\vec{p}$ 能以實數 s、t，表為**僅只一種**的向量組合：

$$\vec{p} = s\vec{a} + t\vec{b}$$

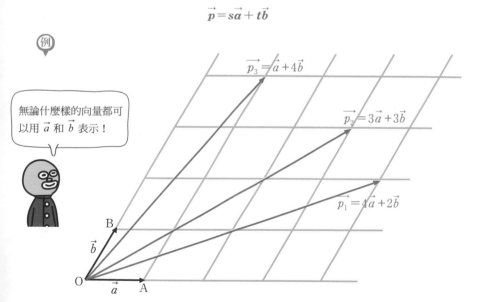

無論什麼樣的向量都可以用 $\vec{a}$ 和 $\vec{b}$ 表示！

向量的成分表示

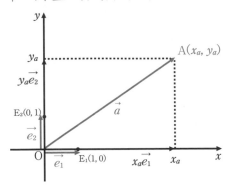

$\vec{a}$ 的成分會跟 A 座標一致。

假設 xy 平面上的原點為 O、滿足 $\vec{a} = \overrightarrow{OA}$ 等任意點 A 的座標為 (x_a, y_a)。接著，在 x 軸上取點 $E_1(1, 0)$、y 軸上取點 $E_2(0, 1)$，令 $\vec{e_1} = \overrightarrow{OE_1}$、$\vec{e_2} = \overrightarrow{OE_2}$ [*2]。這邊試著用 $\vec{e_1}$ 和 $\vec{e_2}$ 和來分解 $\vec{a}$（上一頁）吧。

$$\vec{a} = x_a\vec{e_1} + y_a\vec{e_2}$$

此時，x_a 為 $\vec{a}$ 的 $\vec{e_1}$ 成分（**x 成分**）、y_a 為 $\vec{a}$ 的 $\vec{e_2}$ 成分（**y 成分**），

$$\vec{a} = (x_a, y_a)$$

這稱為向量的成分表示（representation by components）。

成分運算

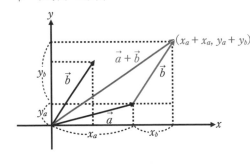

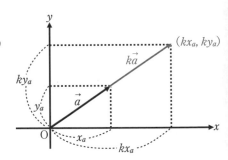

$$\vec{a} + \vec{b} = (x_a, y_a) + (x_b, y_b) = (x_a + x_b, y_a + y_b)$$

$$k\vec{a} = k(x_a, y_a) = (kx_a, ky_a)$$

由此可知，對於實數 k、l，下式成立：

$$k\vec{a} + l\vec{b} = k(x_a, y_a) + l(x_b, y_b) = (kx_a + lx_b, ky_a + ly_b)$$

[*2] $\vec{e_1}$、$\vec{e_2}$ 稱為基本向量。

向量的成分與大小

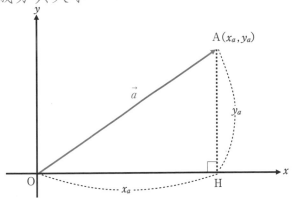

由畢氏定理可知
$\overline{OA}^2 = \overline{OH}^2 + \overline{AH}^2$
喔。

$\vec{a} = (x_a, y_a)$ 時，由上圖可知 $|\vec{a}| = \overline{OA}$，所以

$$|\vec{a}| = \sqrt{x_a{}^2 + y_a{}^2}$$

使用這個式子，$A(x_a, y_a)$、$B(x_b, y_b)$ 時，

$$\overrightarrow{AB} = \overrightarrow{OB} - \overrightarrow{OA} = (x_b, y_b) - (x_a, y_a) = (x_b - x_a, y_b - y_a)$$

因此，$|\overrightarrow{AB}|$ 可如下表示：

$$|\overrightarrow{AB}| = \sqrt{(x_b - x_a)^2 + (y_b - y_a)^2}$$

$|\overrightarrow{AB}|$ 以 $\overrightarrow{OA}$ 和 $\overrightarrow{OB}$
的分解，會是
$\overrightarrow{AB} = \overrightarrow{OB} - \overrightarrow{OA}$！

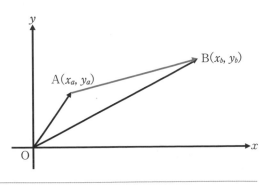

$\dfrac{6}{3}$ 向量的內積與外積

> 在高中的向量課程中，最令人感到不可思議的應該是內積的定義吧？
> 這邊再來看一次內積定義和在圖形上的意義。

內積的定義

$\vec{a} = (x_a, y_a)$、$\vec{b} = (x_b, y_b)$ 時，各成分之間的積是

$$x_a x_b + y_a y_b$$

稱為 $\vec{a}$ 和 $\vec{b}$ 的內積（inner product），符號記為[*3]

$$\vec{a} \cdot \vec{b}$$

內積在圖形上的意義

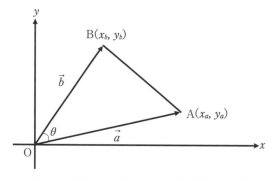

雖然複雜，但可當作是成分計算的練習。

關於上圖的三角形OAB，若假設 $\angle AOB = \theta$，由餘弦定理（後面講解）可知

$$\left| \overrightarrow{AB} \right|^2 = \left| \overrightarrow{OA} \right|^2 + \left| \overrightarrow{OB} \right|^2 - 2 \left| \overrightarrow{OA} \right| \left| \overrightarrow{OB} \right| \cos \theta$$

$$\Rightarrow (x_b - x_a)^2 + (y_b - y_a)^2 = (x_a{}^2 + y_a{}^2) + (x_b{}^2 + y_b{}^2) - 2\sqrt{x_a{}^2 + y_a{}^2}\sqrt{x_b{}^2 + y_b{}^2} \cos \theta$$

$$\Rightarrow x_b{}^2 - 2x_b x_a + x_a{}^2 + y_b{}^2 - 2y_b y_a + y_a{}^2$$
$$= x_a{}^2 + y_a{}^2 + x_b{}^2 + y_b{}^2 - 2\sqrt{x_a{}^2 + y_a{}^2}\sqrt{x_b{}^2 + y_b{}^2} \cos \theta$$

$$\Rightarrow -2x_a x_b - 2y_a y_b = -2\sqrt{x_a{}^2 + y_a{}^2}\sqrt{x_b{}^2 + y_b{}^2} \cos \theta$$

$$\Rightarrow x_a x_b + y_a y_b = \sqrt{x_a{}^2 + y_a{}^2}\sqrt{x_b{}^2 + y_b{}^2} \cos \theta$$

$$\Rightarrow \vec{a} \cdot \vec{b} = \left| \vec{a} \right| \left| \vec{b} \right| \cos \theta$$

[*3] 需要注意「・」不是「×」的省略符號。後面會介紹外積 $\vec{a} \times \vec{b}$ 是不同種類的運算。

這表示 $\vec{a}$ 和 $\vec{b}$ 的**內積**是 $\vec{a}$ 的長度（$|\vec{a}|$）乘上 $\vec{b}$ 在 $\vec{a}$ 上的正射影[*4] 長（$|\vec{b}\cos\theta|$）。

光

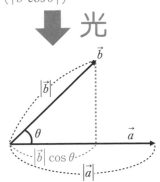

從 $\vec{a}$ 的正上方照射亮光時，$\vec{b}$ 的影子（正射影[*4]）長度為 $|\vec{b}|\cos\theta$。

延伸 關於餘弦定理

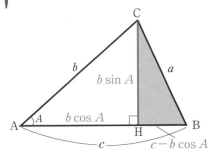

【餘弦定理】
關於 $\triangle ABC$，下式成立：
$$a^2 = b^2 + c^2 - 2bc\cos A$$
$$b^2 = c^2 + a^2 - 2ca\cos B$$
$$c^2 = a^2 + b^2 - 2ab\cos C$$

證明 由 C 往 $\overline{AB}$ 拉出垂線 $\overline{CH}$。$\triangle AHC$ 是斜邊為 b 的直角三角形，所以 $\overline{CH} = b\sin A$、$\overline{AH} = b\cos A$。關於 $\triangle CHB$，由畢氏定理可知

$$a^2 = (c - b\cos A)^2 + (b\sin A)^2$$
$$= c^2 - 2\cdot c\cdot b\cos A + b^2\cos^2 A + b^2\sin^2 A$$
$$= c^2 - 2bc\cos A + b^2(\cos^2 A + \sin^2 A)$$
$$= c^2 - 2bc\cos A + b^2\cdot 1$$
$$\therefore\ a^2 = b^2 + c^2 - 2bc\cos A$$

同理，

$$b^2 = c^2 + a^2 - 2ca\cos B、\ c^2 = a^2 + b^2 - 2ab\cos C$$

這些稱為餘弦定理（cosine theorem）。

---

*4 光照射到物體所形成的影子稱為射影，投影幕上垂直光線的射影稱為正射影。

$\vec{a}$ 和 $\vec{b}$ 的銳夾角 θ 為 90°時，稱 $\vec{a}$ 和 $\vec{b}$ 垂直，記為

$$\vec{a} \perp \vec{b}$$

若 $\vec{a}$ 和 $\vec{b}$ 垂直，則

$$\vec{a} \perp \vec{b} \;\Rightarrow\; \vec{a} \cdot \vec{b} = |\vec{a}||\vec{b}| \cos 90° = |\vec{a}| \times |\vec{b}| \times 0 = 0$$

相反地，當 $|\vec{a}| \neq 0$、$|\vec{b}| \neq 0$，

$$\vec{a} \cdot \vec{b} = 0 \Rightarrow |\vec{a}||\vec{b}| \cos \theta = 0 \Rightarrow \cos \theta = 0 \Rightarrow \theta = 90°$$

由此可知

$$\vec{a} \perp \vec{b} \Leftrightarrow \vec{a} \cdot \vec{b} = 0$$

⬇ 光

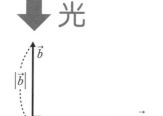

影子長度 0

向量的垂直條件為內積＝0，也可由 $\vec{a} \perp \vec{b}$ 時 $\vec{b}$ 的影子（正射影）長度為 0 得知！

■內積的性質

關於向量的內積，下述式子成立：

（ⅰ） $\vec{a} \cdot \vec{b} = \vec{b} \cdot \vec{a}$

（ⅱ） $(\vec{a} + \vec{b}) \cdot \vec{c} = \vec{a} \cdot \vec{c} + \vec{b} \cdot \vec{c}$

（ⅲ） $(k\vec{a}) \cdot \vec{b} = \vec{a} \cdot (k\vec{b}) = k(\vec{a} \cdot \vec{b})$ [k 為實數]

（ⅳ） $\vec{a} \cdot \vec{a} = |\vec{a}|^2$

這些可假設 $\vec{a} = (x_a, y_a)$、$\vec{b} = (x_b, y_b)$、$\vec{c} = (x_c, y_c)$，按照內積定義的成分計算來證明喔。

外積（範圍外）的定義

除了內積，向量還有一個跟乘法相似的運算——外積（exterior product）。外積積基本上是用於三維向量（具有三個成分的向量：空間向量）之間的運算。

$\vec{a} = (a_1, a_2, a_3)$、$\vec{b} = (b_1, b_2, b_3)$ 時，外積「$\vec{a} \times \vec{b}$」定義為

$$\vec{a} \times \vec{b} = (a_2b_3 - a_3b_2 \, , \, a_3b_1 - a_1b_3 \, , \, a_1b_2 - a_2b_1)$$

記法 將兩向量的成分縱向書寫。

$$\vec{a} = \begin{pmatrix} a_1 \\ a_2 \\ a_3 \end{pmatrix}, \vec{b} = \begin{pmatrix} b_1 \\ b_2 \\ b_3 \end{pmatrix}$$

接著，將最上面一行抄寫到最下面，反覆進行「交叉相乘」。

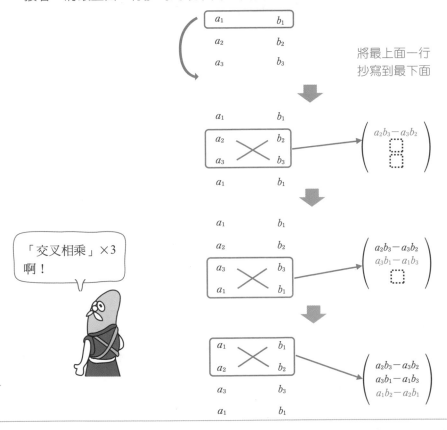

$$\vec{a}=\begin{pmatrix}1\\2\\3\end{pmatrix}, \vec{b}=\begin{pmatrix}3\\2\\1\end{pmatrix}$$

的時候，

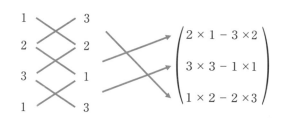

計算得

$$\vec{a}\times\vec{b}=\begin{pmatrix}2\times1-3\times2\\3\times3-1\times1\\1\times2-2\times3\end{pmatrix}=\begin{pmatrix}-4\\8\\-4\end{pmatrix}$$

◤外積在圖形上的意義

外積 $\vec{a}\times\vec{b}$ 的計算結果為向量，而且具有下述的方向和大小[5]。

（ i ）$\vec{a}\times\vec{b}$ 的方向：$\vec{a}$ 轉向 $\vec{b}$ 時右旋螺絲的鑽入方向。

（ii）$\vec{a}\times\vec{b}$ 的大小：$\vec{a}$ 和 $\vec{b}$ 形成的平行四邊形面積。

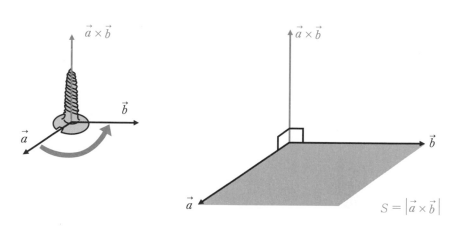

$$S=\left|\vec{a}\times\vec{b}\right|$$

---

[5] 內積的計算結果只有大小、沒有方向。

位置向量

【 只要使用位置向量，就能用向量來討論圖形問題。 】

▰什麼是位置向量？

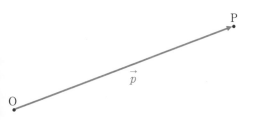

位置向量常以一個小字母來表示喔。

對於平面上的點 P，起點為原點 O、終點為 P 的有向線段（第 130 頁），稱為 P 的位置向量（position vector）[6]。

$$\vec{p} = \overrightarrow{OP}$$

再來，位置向量為 $\vec{p}$ 的點 P，記為 $P(\vec{p})$。

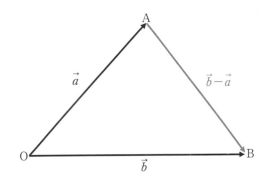

對於兩點 $A(\vec{a})$、$B(\vec{b})$，$\overrightarrow{AB}$ 可如下表示[7]：

$$\overrightarrow{AB} = \overrightarrow{OB} - \overrightarrow{OA}$$
$$\Rightarrow \quad \overrightarrow{AB} = \vec{b} - \vec{a}$$

其中，$\vec{a} = \vec{b}$ 時，A 和 B 會重疊。

---

*6 位置向量的原點 O 可為平面上任意一點。

*7 起點的變換公式（133 頁）：$\overrightarrow{AB} = \overrightarrow{XB} - \overrightarrow{XA}$。

線段內分點的位置向量

$P(\vec{p})$ 將 $A(\vec{a})$、$B(\vec{b})$ 連接的線段 $\overline{AB}$ 內分為 $m : n$ 時，

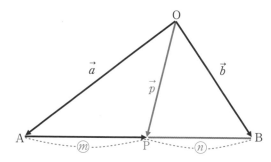

$$\vec{p} = \vec{a} + \overrightarrow{AP} = \vec{a} + \frac{m}{m+n}\overrightarrow{AB} = \vec{a} + \frac{m}{m+n}(\vec{b} - \vec{a}) = \frac{(m+n)\vec{a} + m(\vec{b} - \vec{a})}{m+n}$$

$$\Rightarrow \quad \vec{p} = \frac{n\vec{a} + m\vec{b}}{m+n}$$

將

$A(\vec{a})$ B$(\vec{b})$

內分為 $m : n$

分子的 $n\vec{a} + m\vec{b}$ 感覺像是交叉相乘嘛。

線段外分點的位置向量

$Q(\vec{q})$ 將 $A(\vec{a})$、$B(\vec{b})$ 連接的線段 $\overline{AB}$ 外分為 $m : n$ 時，

（ i ）$m > n$ 的情況

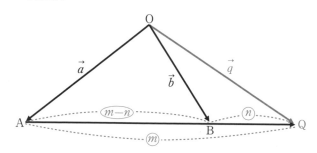

144

$$\vec{q} = \vec{a} + \overrightarrow{AQ} = \vec{a} + \frac{m}{m-n}\overrightarrow{AB} = \vec{a} + \frac{m}{m-n}(\vec{b}-\vec{a}) = \frac{(m-n)\vec{a} + m(\vec{b}-\vec{a})}{m-n}$$

$$\Rightarrow \quad \vec{q} = \frac{-n\vec{a} + m\vec{b}}{m-n}$$

（ii）$m < n$ 的情況

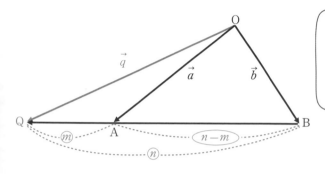

外分點需要注意 Q 的位置會因 m 和 n 的大小有很大的不同！

$$\vec{q} = \vec{a} + \overrightarrow{AQ} = \vec{a} + \frac{n}{n-m}\overrightarrow{BA} = \vec{a} + \frac{n}{n-m}(\vec{a}-\vec{b}) = \frac{(n-m)\vec{a} + m(\vec{a}-\vec{b})}{n-m}$$

$$\Rightarrow \quad \vec{q} = \frac{n\vec{a} - m\vec{b}}{n-m} = \frac{-n\vec{a} + m\vec{b}}{m-n}$$

結果，（i）和（ii）的情況都是

$$\vec{q} = \frac{-n\vec{a} + m\vec{b}}{m-n}$$

內分為 $m:n$

$$\frac{n\vec{a} + m\vec{b}}{m+n}$$

外分為 $m:n$

$$\frac{-n\vec{a} + m\vec{b}}{m+(-n)}$$

只要把「外分為 $m:n$」想成是「內分為 $m:-n$」，就不需要背外分公式！

向量方程式

[
　　許多人碰到向量方程式就感覺一個頭兩個大，但向量方程式說到底就
是，$P(\vec{p})$ 存在於某圖形上時滿足 $\vec{p}$ 的向量式子。
]

◤直線的向量方程式（其一）

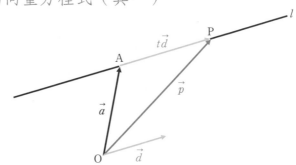

　　假設通過點 $A(\vec{a})$ 平行於非 $\vec{0}$ 向量 $\vec{d}$ 的直線為 l。點 $P(\vec{p})$ 存在於該直線 l 時，

$\overrightarrow{AP}/\!/\vec{d}$ 或者 $\overrightarrow{AP}=\vec{0}$ ⇔ 存在實數 t 滿足 $\overrightarrow{AP}=t\vec{d}$

$$\Leftrightarrow \quad \vec{p}-\vec{a}=t\vec{d}$$
$$\Leftrightarrow \quad \vec{p}=\vec{a}+t\vec{d} \quad \cdots ①$$

　　由①明顯可知，**將 t 代入所有實數值時，點 P 會在直線 l 上到處移動**，所以①為**直線 l 的** 向量方程式（vector equation）。其中，①的 t 稱為 參數（parameter）、$\vec{d}$ **稱為直線 l 的** 方向向量（direction vector）。

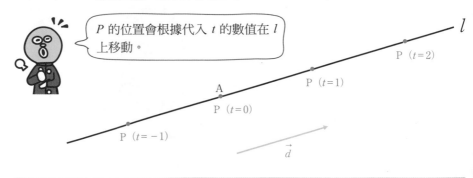

P 的位置會根據代入 t 的數值在 l 上移動。

直線的向量方程式（其二）

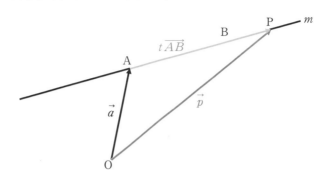

假設通過相異兩點 $A(\vec{a})$、$B(\vec{b})$ 的直線為 m。點 $P(\vec{p})$ 存在於該直線 m 上時，

$\overrightarrow{AP}/\!/\overrightarrow{AB}$ 或者 $\overrightarrow{AP}=0 \Leftrightarrow$ 存在實數 t 滿足 $\overrightarrow{AP}=t\overrightarrow{AB}$

$$\Leftrightarrow \quad \vec{p}-\vec{a}=t(\vec{b}-\vec{a})$$
$$\Leftrightarrow \quad \vec{p}=(1-t)\vec{a}+t\vec{b} \quad \cdots ②$$

由②明顯可知，**將 t 代入所有實數值時，點 P 會在直線 m 上到處移動**，所以②為**直線 m 的**向量方程式。其中，在 $0 \leqq t \leqq 1$ 時，②式**表示線段 $\overrightarrow{AB}$**。

數點在同一直線上的條件，稱為共線條件（collinear condition）。
$$\overrightarrow{AP}=t\overrightarrow{AB}$$
和表示成位置向量的
$$\vec{p}=(1-t)\vec{a}+t\vec{b}$$
是點 P 在直線 $\overrightarrow{AB}$ 上的共線條件。

$$\overrightarrow{AP}=\overrightarrow{OP}-\overrightarrow{OA}=\vec{p}-\vec{a}$$
出現過好幾次，這使用了「**起點的變換公式**」（133頁）。

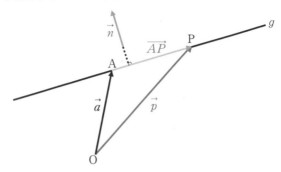

假設通過點 $A(\vec{a})$ 垂直於非零向量 $\vec{n}$ 的直線為 g。點 $P(\vec{p})$ 存在該直線 g 上時，
$\overrightarrow{AP} \perp \vec{a}$ 或者 $\overrightarrow{AP} = \vec{0} \Leftrightarrow \vec{a} \cdot \overrightarrow{AP} = 0$ [*8]

$$\Leftrightarrow \vec{n} \cdot (\vec{p} - \vec{a}) = 0 \quad \cdots ③$$

只要 P 出現在直線 g 上，則③式總是成立，所以③是**直線 g 的** 向量方程式。

另外，垂直於直線 g 的向量 $\vec{n}$，稱為**直線 g 的** 法線向量（normal vector）。

形式和前面兩種完全不同嘛。

只要點 $P(\vec{p})$ 存在於特定的圖形上，$\vec{p}$ 總是滿足的向量式子即為該圖形的向量方程式，所以會有不同的形式啊。

[*8] 向量的垂直條件（140頁）：$\vec{a} \perp \vec{b} \Leftrightarrow \vec{a} \cdot \vec{b} = 0$。

圓的向量方程式（其一）

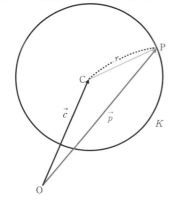

仔細想一想，這是理所當然的式子。

假設以點 $C(\vec{c})$ 為中心的半徑 r 圓為 K。該圓 K 上存在點 $P(\vec{p})$ 時，線段 $\overline{CP}$ 的長度總是為 r，所以下式成立：

$$|\overrightarrow{CP}|=r \Leftrightarrow |\vec{p}-\vec{c}|=r \quad \cdots ④$$

因為 P 存在於圓 K 上的④式總是成立，所以④是**圓 K 的** 向量方程式。

圓的向量方程式（其二）

不要忘記直徑的圓周角為 90° 和向量的垂直條件！

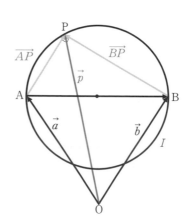

假設以兩點 $A(\vec{a})$、$B(\vec{b})$ 連接的直線 $\overline{AB}$ 為直徑的圓為 l。因為直徑的圓周角為 90°，所以點 $P(\vec{p})$ 存在於該圓 l 上時，

$$\overrightarrow{AP} \perp \overrightarrow{BP} \Leftrightarrow \overrightarrow{AP}\cdot\overrightarrow{BP}=0$$
$$\Leftrightarrow (\vec{p}-\vec{a})\cdot(\vec{p}-\vec{b})=0 \quad \cdots ⑤$$

只要 P 存在於圓 l 上，則⑤式總是成立，所以⑤是**圓 l 的** 向量方程式。

矩陣的基礎與運算

根據當前日本的國教課綱，高中數學刪去了矩陣的內容，不過這節還是統整有關大學線性代數的基礎內容。

◢什麼是矩陣？

$$m\ 列\left\{\begin{array}{cccc} & \overbrace{}^{n\ 行} & & \\ a_{11} & a_{12} & \cdots & a_{1n} \\ a_{21} & a_{22} & \cdots & a_{2n} \\ \vdots & \vdots & \cdots & \vdots \\ a_{m1} & a_{m2} & \cdots & a_{mn} \end{array}\right. \quad m\times n\ 矩陣$$

將數字、文字排列成長方形狀的記述，稱為**矩陣**（matrix）。m 個列和 n 個行所形成的矩陣，稱為**$m \times n$ 矩陣**（m 和 n 為自然數）[*9]。

> 例 $\begin{pmatrix} 1 & 2 \\ 3 & 4 \end{pmatrix}$：$2 \times 2$ 矩陣 $\quad \begin{pmatrix} 1 & 2 & 3 \\ 4 & 5 & 6 \\ 7 & 8 & 9 \end{pmatrix}$：$3 \times 3$ 矩陣

m 個成分縱向排列的縱向量為 $m \times 1$ 矩陣；n 個成分橫向排列的橫向量為 $1 \times n$ 矩陣。

> 例 $\vec{a} = \begin{pmatrix} 1 \\ 2 \\ 3 \end{pmatrix}$：$3 \times 1$ 矩陣 $\quad \vec{b} = (5 \ \ 6)$：$1 \times 2$ 矩陣

> 「matrix」 這個詞的原意是，鑄造時注入融化金屬的模型（鑄具）。

矩陣約定俗成**使用大寫英文字母來表示**，比如 $A = \begin{pmatrix} 1 & 2 \\ 3 & 4 \end{pmatrix}$。

[*9] 也稱為「m 行 n 列矩陣」「(m, n) 型矩陣」。

各個排列的數稱為成分（component），第 i 行第 i 列的成分稱為(i, j) 成分。

例 $\begin{pmatrix} a & b \\ c & d \end{pmatrix}$ 的情況

$$a：(1,1) \text{ 成分} \quad b：(1,2) \text{ 成分}$$
$$c：(2,1) \text{ 成分} \quad d：(2,2) \text{ 成分}$$

矩陣與向量的積

$A = \begin{pmatrix} a & b \\ c & d \end{pmatrix}$ 和 $\vec{x} = \begin{pmatrix} x \\ y \end{pmatrix}$ 的積如下定義：

$$A\vec{x} = \begin{pmatrix} a & b \\ c & d \end{pmatrix}\begin{pmatrix} x \\ y \end{pmatrix} = \begin{pmatrix} ax + by \\ cx + dy \end{pmatrix}$$

> $\vec{a} = (x_a, y_a), \vec{b} = (x_b, y_b)$ 時，
> $\vec{a} \cdot \vec{b} = x_a x_b + y_a y_b$

$\vec{u} = (a, b) \quad \vec{x} = (x, y) \qquad \vec{u} \cdot \vec{x} = ax + by$

$$\begin{pmatrix} a & b \\ c & d \end{pmatrix}\begin{pmatrix} x \\ y \end{pmatrix} = \begin{pmatrix} ax + by \\ cx + dy \end{pmatrix} \qquad \begin{pmatrix} a & b \\ c & d \end{pmatrix}\begin{pmatrix} x \\ y \end{pmatrix} = \begin{pmatrix} ax + by \\ cx + dy \end{pmatrix}$$

$\vec{v} = (c, d) \quad \vec{x} = (x, y) \qquad \vec{v} \cdot \vec{x} = cx + dy$

> 只要想成 $\vec{u} = (a, b)$、$\vec{v} = (c, d)$，$A\vec{x}$ 就是內積 $\vec{u} \cdot \vec{x}$、$\vec{v} \cdot \vec{x}$ 縱向排列的矩陣。

使用矩陣與向量的積後，聯立一次式可如下表示：

$$\begin{cases} x + 2y = 5 \\ 3x + 4y = 6 \end{cases} \quad \Rightarrow \quad \begin{pmatrix} 1 & 2 \\ 3 & 4 \end{pmatrix}\begin{pmatrix} x \\ y \end{pmatrix} = \begin{pmatrix} 5 \\ 6 \end{pmatrix}$$

矩陣的和與實數倍

$A = \begin{pmatrix} a & b \\ c & d \end{pmatrix}$、$B = \begin{pmatrix} p & q \\ r & s \end{pmatrix}$ 時,矩陣的和與實數倍分別如下表示:

$$A + B = \begin{pmatrix} a & b \\ c & d \end{pmatrix} + \begin{pmatrix} p & q \\ r & s \end{pmatrix} = \begin{pmatrix} a+p & b+q \\ c+r & d+s \end{pmatrix}$$

$$kA = k\begin{pmatrix} a & b \\ c & d \end{pmatrix} = \begin{pmatrix} ka & kb \\ kc & kd \end{pmatrix} \quad 〔k \text{ 為實數}〕$$

如此定義後,對於實數 k、l 與 $A = \begin{pmatrix} a & b \\ c & d \end{pmatrix}$、$B = \begin{pmatrix} p & q \\ r & s \end{pmatrix}$、$\vec{x} = \begin{pmatrix} x \\ y \end{pmatrix}$,可知下式成立:

$$(kA + lB)\vec{x} = kA\vec{x} + lB\vec{x}$$

矩陣的積

$A = \begin{pmatrix} a & b \\ c & d \end{pmatrix}$、$B = \begin{pmatrix} p & q \\ r & s \end{pmatrix}$ 時,矩陣的積如下定義:

$$AB = \begin{pmatrix} a & b \\ c & d \end{pmatrix}\begin{pmatrix} p & q \\ r & s \end{pmatrix} = \begin{pmatrix} ap+br & aq+bs \\ cp+dr & cq+ds \end{pmatrix}$$

$$\overset{A}{\begin{pmatrix} a & b \\ c & d \end{pmatrix}} \overset{\vec{p} \quad \vec{q}}{\begin{pmatrix} p & q \\ r & s \end{pmatrix}} = \overset{A\vec{p} \qquad A\vec{q}}{\begin{pmatrix} ap+br & aq+bs \\ cp+dr & cq+ds \end{pmatrix}}$$

想成 $\vec{p} = \begin{pmatrix} p \\ r \end{pmatrix}$、$\vec{q} = \begin{pmatrix} q \\ s \end{pmatrix}$ 的話,就會是 $A\vec{p}$ 和 $A\vec{q}$ 橫向排列的矩陣[*10]。

[*10] $A\vec{p} = \begin{pmatrix} a & b \\ c & d \end{pmatrix}\begin{pmatrix} p \\ r \end{pmatrix} = \begin{pmatrix} ap+br \\ cp+dr \end{pmatrix}$、$A\vec{q} = \begin{pmatrix} a & b \\ c & d \end{pmatrix}\begin{pmatrix} q \\ s \end{pmatrix} = \begin{pmatrix} aq+bs \\ cq+ds \end{pmatrix}$

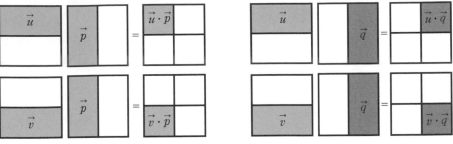

例 $A = \begin{pmatrix} 1 & 2 \\ 3 & 4 \end{pmatrix}$、$B = \begin{pmatrix} 4 & 3 \\ 2 & 1 \end{pmatrix}$ 時，

$$AB = \begin{pmatrix} 1 & 2 \\ 3 & 4 \end{pmatrix}\begin{pmatrix} 4 & 3 \\ 2 & 1 \end{pmatrix}$$

$$= \begin{pmatrix} 1\times4+2\times2 & 1\times3+2\times1 \\ 3\times4+4\times2 & 3\times3+4\times1 \end{pmatrix}$$

$$= \begin{pmatrix} 8 & 5 \\ 20 & 13 \end{pmatrix}$$

$$BA = \begin{pmatrix} 4 & 3 \\ 2 & 1 \end{pmatrix}\begin{pmatrix} 1 & 2 \\ 3 & 4 \end{pmatrix}$$

$$= \begin{pmatrix} 4\times1+3\times3 & 4\times2+3\times4 \\ 2\times1+1\times3 & 2\times2+1\times4 \end{pmatrix}$$

$$= \begin{pmatrix} 13 & 20 \\ 5 & 8 \end{pmatrix}$$

由上述例子可知，矩陣的積通常

$$\boldsymbol{AB \neq BA}$$

這稱為「**矩陣乘法的不可交換性**」。

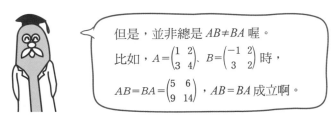

但是，並非總是 $AB \neq BA$ 喔。

比如，$A = \begin{pmatrix} 1 & 2 \\ 3 & 4 \end{pmatrix}$、$B = \begin{pmatrix} -1 & 2 \\ 3 & 2 \end{pmatrix}$ 時，

$AB = BA = \begin{pmatrix} 5 & 6 \\ 9 & 14 \end{pmatrix}$，$AB = BA$ 成立啊。

另外，矩陣的積會如此定義，是為了讓 $A(\vec{x}) = (AB)\vec{x}$ 成立。

單位矩陣與零矩陣

左上到右下的對角線成分皆為 1，其餘成分為 0 的矩陣，稱為單位矩陣（unit matrix）：

$$E = \begin{pmatrix} 1 & 0 \\ 0 & 1 \end{pmatrix}$$

所有成分皆為 0 的矩陣，稱為零矩陣（zero matrix）：

$$O = \begin{pmatrix} 0 & 0 \\ 0 & 0 \end{pmatrix}$$

實際計算馬上就能理解，任意矩陣具有下述性質：

（i）　$AO = OA = O$

（ii）　$AE = EA = A$

> 單位矩陣和零矩陣就就像是數字計算時的 1、0。

然而，$A = \begin{pmatrix} 1 & 2 \\ 2 & 4 \end{pmatrix}$、$B = \begin{pmatrix} -2 & -2 \\ 1 & 1 \end{pmatrix}$ 時，

$$AB = \begin{pmatrix} 1 & 2 \\ 2 & 4 \end{pmatrix}\begin{pmatrix} -2 & -2 \\ 1 & 1 \end{pmatrix} = \begin{pmatrix} 1\times(-2)+2\times1 & 1\times(-2)+2\times1 \\ 2\times(-2)+4\times1 & 2\times(-2)+4\times1 \end{pmatrix} = \begin{pmatrix} 0 & 0 \\ 0 & 0 \end{pmatrix}$$

如上 $A \neq 0$、$B \neq 0$ 而 $AB = 0$，則矩陣 A、B 稱為零因子（zero divisor）。

矩陣與方程式

[　　矩陣的歷史發源自聯立一次方程式的解法。使用「反矩陣」迅速求解，過程真是教人拍案叫絕。]

反矩陣

一般來說，A、X 滿足下式時，X 稱為 A 的反矩陣（inverse matrix）。

$$AX = XA = E$$

A 的反矩陣記為 A^{-1}，$A = \begin{pmatrix} a & b \\ c & d \end{pmatrix}$ 且 $\boldsymbol{ad = bc \neq 0}$ 時，

$$A^{-1} = \frac{1}{ad - bc} \begin{pmatrix} d & -b \\ -c & a \end{pmatrix}$$

另外，$\boldsymbol{ad - bc = 0}$ 時，A^{-1} 不存在。

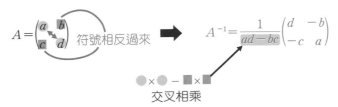

$A = \begin{pmatrix} a & b \\ c & d \end{pmatrix}$　符號相反過來　➡　$A^{-1} = \dfrac{1}{ad - bc} \begin{pmatrix} d & -b \\ -c & a \end{pmatrix}$

●×● － ■×■

交叉相乘

證明

$A = \begin{pmatrix} a & b \\ c & d \end{pmatrix}$ 且 $ad - bc \neq 0$ 時，令 $X = \dfrac{1}{ad - bc} \begin{pmatrix} d & -b \\ -c & a \end{pmatrix}$，則

$$AX = \begin{pmatrix} a & b \\ c & d \end{pmatrix} \left\{ \frac{1}{ad - bc} \begin{pmatrix} d & -b \\ -c & a \end{pmatrix} \right\} = \frac{1}{ad - bc} \begin{pmatrix} a & b \\ c & d \end{pmatrix} \begin{pmatrix} d & -b \\ -c & a \end{pmatrix}$$

$$= \frac{1}{ad - bc} \begin{pmatrix} ad - bc & -ab + ab \\ cd - cd & -bc + ad \end{pmatrix} = \begin{pmatrix} 1 & 0 \\ 0 & 1 \end{pmatrix} = E$$

$$XA = \frac{1}{ad - bc} \begin{pmatrix} d & -b \\ -c & a \end{pmatrix} \begin{pmatrix} a & b \\ c & d \end{pmatrix} = \frac{1}{ad - bc} \begin{pmatrix} ad - bc & bd - bd \\ -ac + ac & -bc + ad \end{pmatrix}$$

$$= \begin{pmatrix} 1 & 0 \\ 0 & 1 \end{pmatrix} = E$$

使用反矩陣解聯立一次方程式

試用反矩陣解聯立一次方程式吧（假設 $ad-bc\neq0$）。

$$\begin{cases} ax+by=m \\ cx+dy=n \end{cases}$$

（i）用矩陣表示聯立方程式。

$$\begin{pmatrix} a & b \\ c & d \end{pmatrix}\begin{pmatrix} x \\ y \end{pmatrix}=\begin{pmatrix} m \\ n \end{pmatrix} \quad \cdots①$$

（ii）將 $A=\begin{pmatrix} a & b \\ c & d \end{pmatrix}$ 的反矩陣 $A^{-1}=\dfrac{1}{ad-bc}\begin{pmatrix} d & -b \\ -c & a \end{pmatrix}$ 左乘在①的兩邊。

$$\frac{1}{ad-bc}\begin{pmatrix} d & -b \\ -c & a \end{pmatrix}\begin{pmatrix} a & b \\ c & d \end{pmatrix}\begin{pmatrix} x \\ y \end{pmatrix}=\frac{1}{ad-bc}\begin{pmatrix} d & -b \\ -c & a \end{pmatrix}\begin{pmatrix} m \\ n \end{pmatrix}$$

$$\Rightarrow \begin{pmatrix} 1 & 0 \\ 0 & 1 \end{pmatrix}\begin{pmatrix} x \\ y \end{pmatrix}=\frac{1}{ad-bc}\begin{pmatrix} dm-bn \\ -cm+an \end{pmatrix}$$

$$\Rightarrow \begin{pmatrix} x \\ y \end{pmatrix}=\frac{1}{ad-bc}\begin{pmatrix} dm-bn \\ -cm+an \end{pmatrix}$$

> $A^{-1}A=E$
> $\begin{pmatrix} a & b \\ c & d \end{pmatrix}\begin{pmatrix} x \\ y \end{pmatrix}=\begin{pmatrix} ax+by \\ cx+dy \end{pmatrix}$

$ad-bc=0$ 時會發生什麼事情？

這個後面會講到。

行列式

$A=\begin{pmatrix} a & b \\ c & d \end{pmatrix}$ 時，決定是否存在反矩陣的 $ad-bc$，稱為 A 的行列式（determinant），符號記為 $\det A$ 或者 $|A|$。換言之，

$$\det A=|A|=ad-bc$$

$$A^{-1} \text{不存在} \iff \det A=0$$

◤行列式為零時的聯立一次方程式

關於聯立一次方程式，

$$\begin{cases} ax+by=m \\ cx+dy=n \end{cases}$$

在 $ad-bc=0$ 時，

$$ad-bc=0 \Leftrightarrow ad=bc \Leftrightarrow a:b=c:d \text{ [11]}$$

這意謂**兩直線 $ax+by=m$ 和 $cx+dy=n$ 平行**。

兩直線平行時，聯立方程式的兩直線可能沒有交點（稱為**不能解**），或者重疊（重合）有無數交點（稱為**不定解**），兩種情況都沒辦法確定一個解。

⟨例⟩ $\begin{cases} x+2y=2 \\ 2x+4y=8 \end{cases}$ $\begin{cases} x+2y=2 \\ 2x+4y=4 \end{cases}$

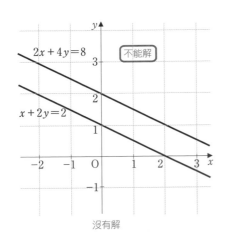

不能解

沒有解

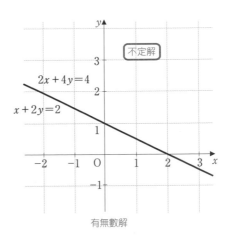

不定解

有無數解

結果，若 $ad-bc=0$，則 A^{-1} 不存在，
意謂聯立方程式的解無法確定單一解。

---

*11 將 $ad=bc$ 看作是「外項的積＝內項的積」，則 $a:b=c:d$ 成立。

▰ 特徵向量與特徵值

一般來說，對於矩陣 A，存在向量 $\vec{x}$ 和實數 λ 滿足下述聯立式時，

$$\begin{cases} A\vec{x}=\lambda\vec{x} \\ \vec{x}\neq\vec{0} \end{cases}$$

$\vec{x}$ 為的 A 特徵向量（characteristic vector），λ 為 A 的特徵值（characteristic value）。

> $\vec{x}=0$ 時，無論 λ 代入何值，$A\vec{x}=\lambda\vec{x}$ 皆成立。
> 而特徵 $\vec{x}$ 和特徵 λ，即便 $\vec{x}\neq0$，$A\vec{x}=\lambda\vec{x}$ 也會成立。

▰ 特徵向量與特徵值的求法

由 $A\vec{x}=\lambda\vec{x}$〔其中，$\vec{x}\neq0$〕可知，

$$A\vec{x}=\lambda\vec{x} \ \Rightarrow \ A\vec{x}-\lambda\vec{x}=\vec{0} \ \Rightarrow \ A\vec{x}-\lambda E\vec{x}=\vec{0} \ \Rightarrow \ (A-\lambda E)\vec{x}=\vec{0}$$

若 $(A-\lambda E)^{-1}$ 存在，則

$$(A-\lambda E)\vec{x}=\vec{0} \ \Rightarrow \ (A-\lambda E)^{-1}(A-\lambda E)\vec{x}=(A-\lambda E)^{-1}\vec{0} \ \Rightarrow \ \vec{x}=\vec{0}$$

與 $\vec{x}\neq0$ 矛盾。

因此，$(A-\lambda E)^{-1}$ **不存在**。換言之，$\det(A-\lambda E)=0$。

假設 $A=\begin{pmatrix} a & b \\ c & d \end{pmatrix}$

$$A-\lambda E=\begin{pmatrix} a & b \\ c & d \end{pmatrix}-\lambda\begin{pmatrix} 1 & 0 \\ 0 & 1 \end{pmatrix}=\begin{pmatrix} a-\lambda & b \\ c & d-\lambda \end{pmatrix}$$

所以

$$\det(A-\lambda E)=(a-\lambda)(d-\lambda)-bc=0$$
$$\Rightarrow \ \lambda^2-(a+d)\lambda+ad-bc=0 \quad \cdots ①$$

> 因為行列式＝0，所以可得到二次方程式……。

λ 的二次方程式 ① 稱為 $A=\begin{pmatrix} a & b \\ c & d \end{pmatrix}$ 的 特徵方程式（characteristic equation）[12]，**特徵方程式的解為特徵值。**

---

[12] 又稱為「特性方程式」。

試求 $A = \begin{pmatrix} 1 & 2 \\ -1 & 4 \end{pmatrix}$ 的特徵值和特徵向量。

求解特徵方程式，得

$$\lambda^2 - (1+4)\lambda + 1\cdot 4 - 2\cdot(-1) = 0$$
$$\Rightarrow \quad \lambda^2 - 5\lambda + 6 = 0$$
$$\Rightarrow \quad (\lambda-2)(\lambda-3) = 0$$
$$\Rightarrow \quad \lambda = 2 、 3$$

各位一定要學會這個方法！

（i）$\lambda = 2$ 時

$$A\vec{x} = \lambda\vec{x} \quad \Rightarrow \quad \begin{pmatrix} 1 & 2 \\ -1 & 4 \end{pmatrix}\begin{pmatrix} x \\ y \end{pmatrix} = 2\begin{pmatrix} x \\ y \end{pmatrix}$$

$$\Rightarrow \quad \begin{cases} x + 2y = 2x \\ -x + 4y = 2y \end{cases} \quad \Rightarrow \quad x = 2y$$

此時，**特徵向量**可用實數 t 如下表示：

$$\vec{x} = \begin{pmatrix} 2t \\ t \end{pmatrix} \quad 且 \quad t \neq 0$$

（ii）$\lambda = 3$ 時

$$A\vec{x} = \lambda\vec{x} \quad \Rightarrow \quad \begin{pmatrix} 1 & 2 \\ -1 & 4 \end{pmatrix}\begin{pmatrix} x \\ y \end{pmatrix} = 3\begin{pmatrix} x \\ y \end{pmatrix}$$

$$\Rightarrow \quad \begin{cases} x + 2y = 3x \\ -x + 4y = 3y \end{cases} \quad \Rightarrow \quad x = y$$

此時，與（i）相同，**特徵向量**可用實數 s 如下表示：

$$\vec{x} = \begin{pmatrix} s \\ s \end{pmatrix} \quad 且 \quad s \neq 0$$

矩陣具有特徵值時，會有無數個特徵向量嘛！

由 $A\vec{x} = \lambda\vec{x}$ 推導出來的聯立式，其兩直線會重疊（重合）且解為「不定解」啊。

矩陣的對角化

矩陣 A 的特徵向量為

$$\vec{x_1}=\begin{pmatrix} x_1 \\ y_1 \end{pmatrix},\ \vec{x_2}=\begin{pmatrix} x_2 \\ y_2 \end{pmatrix}$$

特徵值分別為 k_1、k_2 時，

$$A\vec{x_1}=k_1\vec{x_1} \Rightarrow A\begin{pmatrix} x_1 \\ y_1 \end{pmatrix}=k_1\begin{pmatrix} x_1 \\ y_1 \end{pmatrix}=\begin{pmatrix} k_1 x_1 \\ k_1 y_1 \end{pmatrix}$$

$$A\vec{x_2}=k_2\vec{x_2} \Rightarrow A\begin{pmatrix} x_2 \\ y_2 \end{pmatrix}=k_2\begin{pmatrix} x_2 \\ y_2 \end{pmatrix}=\begin{pmatrix} k_2 x_1 \\ k_2 y_1 \end{pmatrix}$$

> A 的特徵向量經過 A 的一次變換（下節說明）後，方向不變、僅大小變為特徵值倍。

整理後得

$$A\begin{pmatrix} x_1 & x_2 \\ y_1 & y_2 \end{pmatrix}=\begin{pmatrix} k_1 x_1 & k_2 x_2 \\ k_1 y_1 & k_2 y_2 \end{pmatrix}$$

將右邊拆成兩矩陣相乘，則

$$A\begin{pmatrix} x_1 & x_2 \\ y_1 & y_2 \end{pmatrix}=\begin{pmatrix} x_1 & x_2 \\ y_1 & y_2 \end{pmatrix}\begin{pmatrix} k_1 & 0 \\ 0 & k_2 \end{pmatrix}$$

兩邊出現相同的矩陣。令

$$P=\begin{pmatrix} x_1 & x_2 \\ y_1 & y_2 \end{pmatrix}$$

$$\begin{pmatrix} a & b \\ c & d \end{pmatrix}\begin{pmatrix} p & q \\ r & s \end{pmatrix}=\begin{pmatrix} ap+br & aq+bs \\ cp+dr & cq+ds \end{pmatrix}$$

也就是

$$AP=P\begin{pmatrix} k_1 & 0 \\ 0 & k_2 \end{pmatrix}$$

兩邊乘 P^{-1}，得

$$P^{-1}AP=P^{-1}P\begin{pmatrix} k_1 & 0 \\ 0 & k_2 \end{pmatrix}$$

$$\Rightarrow\quad P^{-1}AP=E\begin{pmatrix} k_1 & 0 \\ 0 & k_2 \end{pmatrix}$$

$$\Rightarrow\quad P^{-1}AP=\begin{pmatrix} \boldsymbol{k_1} & \boldsymbol{0} \\ \boldsymbol{0} & \boldsymbol{k_2} \end{pmatrix}$$

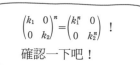

> $\begin{pmatrix} k_1 & 0 \\ 0 & k_2 \end{pmatrix}^n=\begin{pmatrix} k_1^n & 0 \\ 0 & k_2^n \end{pmatrix}$ ！
> 確認一下吧！

上述使用特徵向量、特徵值的一連串作業，稱為**矩陣的**對角化（diagonalization）。

一次變換

在日本舊課綱矩陣的應用中，最為重要的是平面圖形點的移動「一次變換」。

什麼是一次變換？

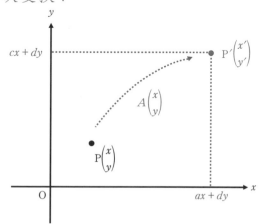

在座標平面上，點 $P\begin{pmatrix} x \\ y \end{pmatrix}$ 移動到 $P'\begin{pmatrix} x' \\ y' \end{pmatrix}$ 時，若 P' 的座標能用矩陣 $A = \begin{pmatrix} a & b \\ c & d \end{pmatrix}$ 表示成

$$\begin{pmatrix} x' \\ y' \end{pmatrix} = A \begin{pmatrix} x \\ y \end{pmatrix}$$

也就是若下述成立，

$$\begin{cases} x' = ax + by \\ y' = cx + dy \end{cases}$$

$$A\begin{pmatrix} x \\ y \end{pmatrix} = \begin{pmatrix} a & b \\ c & d \end{pmatrix}\begin{pmatrix} x \\ y \end{pmatrix}$$
$$= \begin{pmatrix} ax + by \\ cx + dy \end{pmatrix}$$

此移動稱為矩陣 A 的一次變換，或稱線性變換（linear transformation）。

矩陣的一次變換通常會表為點座標縱向排列的列向量。如果大學有要學線性代數，最好先習慣這種表示法。

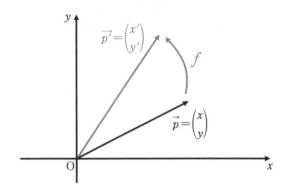

若將經由矩陣的一次變換 f，$\vec{p}$ 移動到 $\vec{p'}$ 表示成 $\vec{p'} = f(\vec{p})$，對於任意向量 $\vec{p}$、$\vec{q}$ 和任意實數 α、β，下式成立：

$$f(\alpha\vec{p} + \beta\vec{q}) = \alpha f(\vec{p}) + \beta f(\vec{q})$$

變換 f 的這項性質，稱為線性（linearity）。

■重要的一次變換（其一）：相似擴大

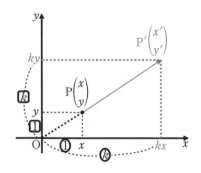

平面上任意點 P 移動到 $\overrightarrow{OP'} = k\overrightarrow{OP}$ 的點 P'，稱為以 O 為中心相似擴大 k 倍。

假設點 $P\begin{pmatrix} x \\ y \end{pmatrix}$ 以原點 O 為中心，k 倍相似擴大的點為 $P'\begin{pmatrix} x' \\ y' \end{pmatrix}$，則

$$\begin{pmatrix} x' \\ y' \end{pmatrix} = \begin{pmatrix} kx \\ ky \end{pmatrix} = \begin{pmatrix} k & 0 \\ 0 & k \end{pmatrix}\begin{pmatrix} x \\ y \end{pmatrix}$$

因此，**以原點 O 為中心相似擴大 k 倍的** 一次變換矩陣為 $\begin{pmatrix} k & 0 \\ 0 & k \end{pmatrix} = kE$。

重要的一次變換（其二）：旋轉移動

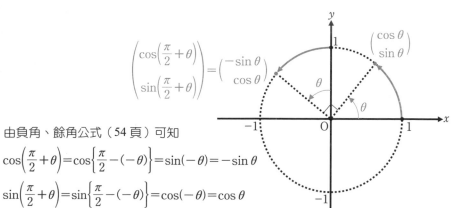

$$\begin{pmatrix} \cos\left(\dfrac{\pi}{2}+\theta\right) \\ \sin\left(\dfrac{\pi}{2}+\theta\right) \end{pmatrix} = \begin{pmatrix} -\sin\theta \\ \cos\theta \end{pmatrix}$$

由負角、餘角公式（54 頁）可知

$$\cos\left(\frac{\pi}{2}+\theta\right)=\cos\left\{\frac{\pi}{2}-(-\theta)\right\}=\sin(-\theta)=-\sin\theta$$

$$\sin\left(\frac{\pi}{2}+\theta\right)=\sin\left\{\frac{\pi}{2}-(-\theta)\right\}=\cos(-\theta)=\cos\theta$$

$$(\cos(-\theta),\ \sin(-\theta))=(\cos\theta,\ -\sin\theta)\quad\text{〔負角公式〕}$$

$$\left(\cos\left(\frac{\pi}{2}-\theta\right),\ \sin\left(\frac{\pi}{2}-\theta\right)\right)=(\sin\theta,\ \cos\theta)\quad\text{〔餘角公式〕}$$

假設繞原點 O 旋轉 θ 角的矩陣為 A。經由此旋轉移動，$\begin{pmatrix}1\\0\end{pmatrix}$ 移動到 $\begin{pmatrix}\cos\theta\\\sin\theta\end{pmatrix}$、$\begin{pmatrix}0\\1\end{pmatrix}$ 移動到 $\begin{pmatrix}-\sin\theta\\\cos\theta\end{pmatrix}$。換言之，

$$A\begin{pmatrix}1 & 0\\0 & 1\end{pmatrix}=\begin{pmatrix}\cos\theta & -\sin\theta\\\sin\theta & \cos\theta\end{pmatrix}\ \Rightarrow\ A=\begin{pmatrix}\boldsymbol{\cos\theta} & \boldsymbol{-\sin\theta}\\\boldsymbol{\sin\theta} & \boldsymbol{\cos\theta}\end{pmatrix}$$

整理後可得

$$A\begin{pmatrix}1\\0\end{pmatrix}=\begin{pmatrix}\cos\theta\\\sin\theta\end{pmatrix}、\ A\begin{pmatrix}0\\1\end{pmatrix}=\begin{pmatrix}-\sin\theta\\\cos\theta\end{pmatrix}$$

由此可知，**繞原點 O 旋轉 θ 角的** 一次變換矩陣為 $\begin{pmatrix}\cos\theta & -\sin\theta\\\sin\theta & \cos\theta\end{pmatrix}$[13]。

---

[13] 使用此一次變換能夠證明三角函數的加法定理。

重要的一次變換（其三）：對稱移動

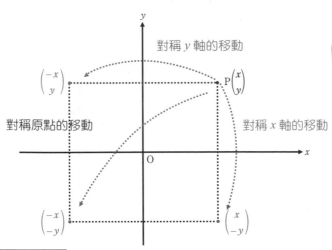

對稱 x 軸的移動

假設點 $P\binom{x}{y}$ 對稱 x 軸的移動點為 $P'\binom{x'}{y'}$，則

$$\binom{x'}{y'}=\binom{x}{-y}=\begin{pmatrix}1&0\\0&-1\end{pmatrix}\binom{x}{y}$$

因此，**對稱 x 軸移動的** 一次變換矩陣為 $\begin{pmatrix}1&0\\0&-1\end{pmatrix}$。

對稱 y 軸的移動

假設點 $P\binom{x}{y}$ 對稱 y 軸的移動點為 $P'\binom{x'}{y'}$，則

$$\binom{x'}{y'}=\binom{-x}{y}=\begin{pmatrix}-1&0\\0&1\end{pmatrix}\binom{x}{y}$$

因此，**對稱 y 軸移動的** 一次變換矩陣為 $\begin{pmatrix}-1&0\\0&1\end{pmatrix}$。

對稱原點的移動

假設點 $P\binom{x}{y}$ 對稱 x 軸的移動點為 $P'\binom{x'}{y'}$，則

$$\binom{x'}{y'}=\binom{-x}{-y}=\begin{pmatrix}-1&0\\0&-1\end{pmatrix}\binom{x}{y}$$

因此，**對稱原點移動的** 一次變換矩陣為 $\begin{pmatrix}-1&0\\0&-1\end{pmatrix}$。

延伸 對稱 $y = \tan\theta \cdot x$ 的移動

對稱直線 $y = \tan\theta \cdot x$ 的移動，可分為三個階段討論：

（i）繞原點旋轉 $-\theta$ 角的移動

（ii）對稱 x 軸的移動

（iii）繞原點旋轉 θ 角的移動

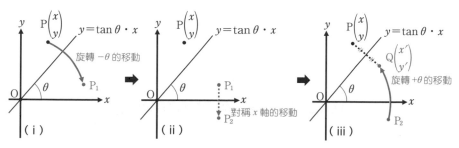

（i）假設點 $P\binom{x}{y}$ 繞原點旋轉 $-\theta$ 角的移動點為 $P_1\binom{x_1}{y_1}$，則

$$\binom{x_1}{y_1} = \begin{pmatrix} \cos(-\theta) & -\sin(-\theta) \\ \sin(-\theta) & \cos(-\theta) \end{pmatrix}\binom{x}{y} = \begin{pmatrix} \cos\theta & \sin\theta \\ -\sin\theta & \cos\theta \end{pmatrix}\binom{x}{y}$$

（ii）假設點 $P_1\binom{x_1}{y_1}$ 對稱 x 軸的移動點為 $P_2\binom{x_2}{y_2}$，則

$$\binom{x_2}{y_2} = \begin{pmatrix} 1 & 0 \\ 0 & -1 \end{pmatrix}\binom{x_1}{y_1} = \begin{pmatrix} 1 & 0 \\ 0 & -1 \end{pmatrix}\begin{pmatrix} \cos\theta & \sin\theta \\ -\sin\theta & \cos\theta \end{pmatrix}\binom{x}{y}$$

（iii）假設點 $P_2\binom{x_2}{y_2}$ 繞原點旋轉 θ 角的移動點為 $Q\binom{x'}{y'}$，則

$$\binom{x'}{y'} = \begin{pmatrix} \cos\theta & -\sin\theta \\ \sin\theta & \cos\theta \end{pmatrix}\binom{x_2}{y_2} = \begin{pmatrix} \cos\theta & -\sin\theta \\ \sin\theta & \cos\theta \end{pmatrix}\begin{pmatrix} 1 & 0 \\ 0 & -1 \end{pmatrix}\begin{pmatrix} \cos\theta & \sin\theta \\ -\sin\theta & \cos\theta \end{pmatrix}\binom{x}{y}$$

由加法定理（55頁）
$$\cos 2\theta = \cos(\theta+\theta)$$
$$= \cos^2\theta - \sin^2\theta$$
$$\sin 2\theta = \sin(\theta+\theta)$$
$$= 2\sin\theta\cos\theta$$

$$= \begin{pmatrix} \cos\theta & \sin\theta \\ \sin\theta & -\cos\theta \end{pmatrix}\begin{pmatrix} \cos\theta & \sin\theta \\ -\sin\theta & \cos\theta \end{pmatrix}\binom{x}{y}$$

$$= \begin{pmatrix} \cos^2\theta - \sin^2\theta & 2\sin\theta\cos\theta \\ 2\sin\theta\cos\theta & \sin^2\theta - \cos^2\theta \end{pmatrix}\binom{x}{y}$$

$$= \begin{pmatrix} \cos 2\theta & \sin 2\theta \\ \sin 2\theta & -\cos 2\theta \end{pmatrix}\binom{x}{y}$$

因此，**對稱 $y = \tan\theta \cdot x$ 移動的** 一次變換矩陣為 $\begin{pmatrix} \cos 2\theta & \sin 2\theta \\ \sin 2\theta & -\cos 2\theta \end{pmatrix}$。

Rotational movement

補章　複數平面

補 1 複數平面的基礎

> 　　觀看日本課綱的變遷，「複數平面」取代「矩陣」編入高中課程。兩者皆是方便處理「旋轉」的概念。

▶虛數單位

滿足下式的數

$$i^2 = -1$$

記為

$$i = \sqrt{-1}$$

i 稱為虛數單位（imaginary unit）。

▶什麼是複數？

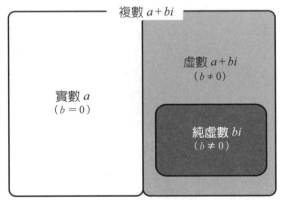

使用實數 a、b 如下表示的數稱為複數（complex number），

$$a + bi$$

$a+bi$ 的 **a** 稱為**實部**、**b** 稱為**虛部**。

關於複數 $a+bi$，約定俗成：

- $b=0$ 時 ⇒ 複數 $a+0i$ 表示**實數 a**
- $b\neq0$ 時 ⇒ 複數 $a+bi$ 稱為**虛數**
- 其中，$a=0$、$b\neq0$ 時 ⇒ 複數 $0+bi$ 稱為**純虛數**

什麼是複數平面？

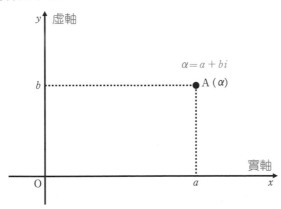

將複數 $a+bi$ 標示為座標平面上的點 (a, b) 時，**複數和平面上的點會是一對一對應**。此時，座標平面會稱為複數平面或者複平面（complex plane）。

在複數平面上，x 軸為實軸（real axis）、y 軸為虛軸（imaginary axis）。**實軸上的點表示實數，虛軸上的點（原點除外）表示純虛數**。另外，點 A 在複數平面上標示複數 α 時，符號記為 $A(\alpha)$，有時點 A 也會直接稱作**點 α**。

共軛複數

對於複數 $\alpha = a+bi$（a、b 為實數），$\bar{\alpha} = a-bi$ 稱為 α 的共軛複數（conjugate complex number）。

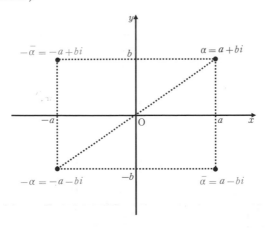

共軛複數的運算

關於共軛複數的運算，下述式子成立[1]：

(ⅰ)　$\overline{\alpha+\beta}=\bar{\alpha}+\bar{\beta}$

(ⅱ)　$\overline{\alpha-\beta}=\bar{\alpha}-\bar{\beta}$

(ⅲ)　$\overline{\alpha\beta}=\bar{\alpha}\bar{\beta}$

(ⅳ)　$\overline{\left(\dfrac{\beta}{\alpha}\right)}=\dfrac{\bar{\beta}}{\bar{\alpha}}$

複數的絕對值

對於複數 $\alpha=a+bi$，**複數 α 的** 絕對值（absolute value）為

$$|\alpha|=\sqrt{\alpha\bar{\alpha}}=\sqrt{a^2+b^2}$$

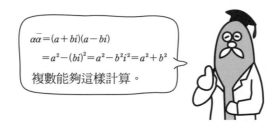

$\alpha\bar{\alpha}=(a+bi)(a-bi)$

$=a^2-(bi)^2=a^2-b^2i^2=a^2+b^2$

複數能夠這樣計算。

在複數平面上，複數 α 的絕對值意謂**點 α 與原點 O 的距離**。

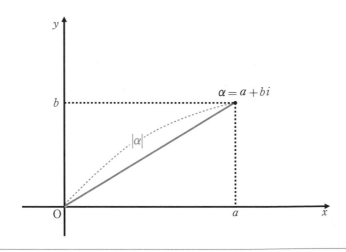

---

*1 令 $\alpha=a+bi$、$\beta=c+di$，就能實際運算確認。

複數的極式

> 使用與複數平面原點的距離和以實軸為始邊的角度表示複數，這樣的極式可讓複數的乘除運算變得容易。

什麼是極式？

對於複數 $\alpha = a + bi$，$a \neq 0$ 時，令

$$r = |\alpha| = \sqrt{a^2 + b^2}$$

表示 α 的點 A 位置，可另外用以 x 軸（實軸）正向為始邊的有向角 θ，和與原點 O 的距離 r 來表示。

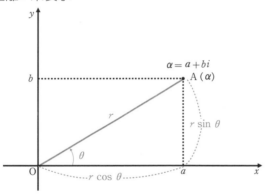

此時，$\alpha = r \cos \theta$、$\beta = r \sin \theta$，所以

$$\alpha = r(\cos \theta + i \sin \theta)$$

這稱為複數 α 的極式（polar form）。另外，極式中的角度 θ 稱為輻角（argument）複數 α 的輻角記為 $\arg \alpha$。

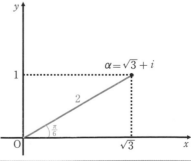

例 $\alpha = \sqrt{3} + i$ 時

$r = |\alpha| = \sqrt{(\sqrt{3})^2 + 1^2} = \sqrt{4} = 2$

$\arg \alpha = \dfrac{\pi}{6}$

$\Rightarrow \quad \alpha = 2\left(\cos \dfrac{\pi}{6} + i \sin \dfrac{\pi}{6}\right)$

171

複數的乘法與除法

假設 $z_1 = r_1(\cos\theta_1 + i\sin\theta_1)$、$z_2 = r_2(\cos\theta_2 + i\sin\theta_2)$，則

（ i ） $z_1z_2 = r_1r_2\{\cos(\theta_1+\theta_2) + i\sin(\theta_1+\theta_2)\}$

（ii） $|z_1z_2| = |z_1||z_2|$

（iii） $\arg z_1z_2 = \arg z_1 + \arg z_2$

（iv） $\dfrac{z_2}{z_1} = \dfrac{r_2}{r_1}\{\cos(\theta_2-\theta_1) + i\sin(\theta_2-\theta_1)\}$

（ v ） $\left|\dfrac{z_2}{z_1}\right| = \dfrac{r_2}{r_1} = \dfrac{|z_2|}{|z_1|}$

（vi） $\arg\dfrac{z_2}{z_1} = \arg z_2 - \arg z_1$

相乘的輻角相加、相除的輻角相減[2]！

延伸 證明

$$z_1z_2 = r_1(\cos\theta_1 + i\sin\theta_1)\cdot r_2(\cos\theta_2 + i\sin\theta_2)$$
$$= r_1r_2(\cos\theta_1 + i\sin\theta_1)(\cos\theta_2 + i\sin\theta_2)$$
$$= r_1r_2(\cos\theta_1\cos\theta_2 + i\cos\theta_1\sin\theta_2 + i\sin\theta_1\cos\theta_2 + i^2\sin\theta_1\sin\theta_2)$$
$$= r_1r_2(\cos\theta_1\cos\theta_2 + i\cos\theta_1\sin\theta_2 + i\sin\theta_1\cos\theta_2 - \sin\theta_1\sin\theta_2)$$
$$= r_1r_2\{(\cos\theta_1\cos\theta_2 - \sin\theta_1\sin\theta_2) + i(\sin\theta_1\cos\theta_2 + \cos\theta_1\sin\theta_2)\}$$
$$= r_1r_2\{\cos(\theta_1+\theta_2) + i\sin(\theta_1+\theta_2)\}$$

$$\frac{z_2}{z_1} = \frac{r_2(\cos\theta_2 + i\sin\theta_2)}{r_1(\cos\theta_1 + i\sin\theta_1)}$$
$$= \frac{r_2(\cos\theta_2 + i\sin\theta_2)}{r_1(\cos\theta_1 + i\sin\theta_1)} \times \frac{(\cos\theta_1 - i\sin\theta_1)}{(\cos\theta_1 - i\sin\theta_1)}$$
$$= \frac{r_2(\cos\theta_2\cos\theta_1 + i\sin\theta_2\cos\theta_1 - i\cos\theta_2\sin\theta_1 - i^2\sin\theta_2\sin\theta_1)}{r_1(\cos^2\theta_1 - i^2\sin^2\theta_1)}$$
$$= \frac{r_2(\cos\theta_2\cos\theta_1 + i\sin\theta_2\cos\theta_1 - i\cos\theta_2\sin\theta_1 + \sin\theta_2\sin\theta_1)}{r_1(\cos^2\theta_1 + \sin^2\theta_1)}$$
$$= \frac{r_2\{(\cos\theta_2\cos\theta_1 + \sin\theta_2\sin\theta_1) + i(\sin\theta_2\cos\theta_1 - \cos\theta_2\sin\theta_1)\}}{r_1}$$
$$= \frac{r_2}{r_1}\{\cos(\theta_2-\theta_1) + i\sin(\theta_2-\theta_1)\}$$

---

[2] arg 的運算跟對數法則（70頁）極為相似。

表示旋轉的複數

$z_1 = r_1(\cos\theta_1 + i\sin\theta_1)$、$z_2 = r_2(\cos\theta_2 + i\sin\theta_2)$ 時，

$$z_1 z_2 = r_1 r_2 \{\cos(\theta_1 + \theta_2) + i\sin(\theta_1 + \theta_2)\}$$

根據上述，假設 $z = r(\cos\theta + i\sin\theta)$，$w = (\cos\varphi + i\sin\varphi)$，則

$$\boldsymbol{wz = r\{\cos(\theta + \varphi) + i\sin(\theta + \varphi)\}}$$

此時，

$$|wz| = r = |z|、\arg(wz) = \theta + \varphi$$

由此可知，$Q(wz)$ 是 $P(z)$ 繞原點 O 逆時針旋轉 ϕ 角的旋轉點。

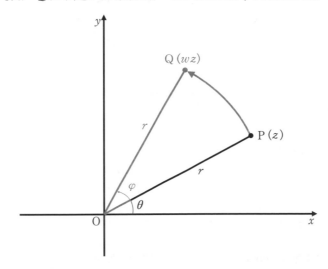

一般來說，非零複數乘上
$$w = (\cos\varphi + i\sin\varphi)$$
意謂在複數平面上**旋轉角度** φ。

◤棣美弗公式

非零複數乘上絕對值為 1 的複數 $z = \cos\theta + i\sin\theta$，原複數會繞原點 O 旋轉 θ 角，所以

z^2 的輻角為 2θ、z^3 的輻角為 3θ、z^4 的輻角為 4θ……

另位，各絕對值為

$$|z| = |z^2| = |z^3| = |z^4| = \cdots\cdots = 1$$

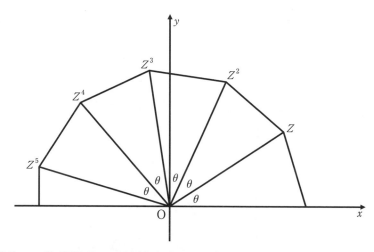

因此，**n 為整數時**，下述等式成立：

$$(\cos\theta + i\sin\theta)^n = \cos n\theta + i\sin n\theta \quad \cdots ①$$

這稱為棣美弗公式（de Moivre's formula）。

◤**延伸** n 為負整數時

對於非零複數 $z = \cos\theta + i\sin\theta$ 和自然數 m，定義 $z^{-m} = \dfrac{1}{z^m}$，則

$$z^{-m} = \frac{1}{z^m} = \frac{1}{(\cos\theta + i\sin\theta)^m} = \frac{1}{\cos m\theta + i\sin m\theta}$$

$$= \frac{1}{\cos m\theta + i\sin m\theta} \cdot \frac{\cos m\theta - i\sin m\theta}{\cos m\theta - i\sin m\theta} = \frac{\cos m\theta - i\sin m\theta}{\cos^2 m\theta + \sin^2 m\theta}$$

$$= \cos m\theta - i\sin m\theta = \cos(-m\theta) + i\sin(-m\theta)$$

因此，$(\cos\theta + i\sin\theta)^{-m} = \cos(-m\theta) + i\sin(-m\theta)$。

這證明了 n 為負整數時①式也成立。

學習數學的兩個原因

「出社會後，就不會碰到解二次方程式、證明眼前兩圖形相似的情況。學生時代那麼辛苦學習數學，真是虧大了！」

這是國高中時對數學感到棘手的人成為社會人士後常有的怨言。的確，文組的學生不用說，就連理組的學生也只有極少數的人，才會將向量、數列、三角函數等高中數學運用於日常生活上。儘管如此，包含日本在內的所有先進國家，文組、理組都將數學列為必修科目。這是為什麼呢？

我認為有兩個原因。

第一個原因是**培育解決問題的能力**。升上國中後，原本處理數學式、圖形的算數會改名為數學，這並不是為了聽起來比較專業。算數和數學追求的目標完全不同。

算數相當於以前日本「讀書、寫字、算盤」中的算盤技能，可說是一種生活能力。所以，算數看重的是，如何正確地迅速解開已知解法的問題。

另一方面，現代社會需要的是解決各種未知問題的能力。**推導先人們的睿智並反覆邏輯思考，處理懸而未決的新問題**，這項能力在各個領域都極為重要。在所有學科當中，沒有比數學更適合鍛鍊這項能力。數學各個單元出現的方程式、圖形證明，都是磨練這項能力的道具。

另一個學習數學的原因，如同伽利略‧伽利萊（Galileo Galilei）所說：「宇宙是用數學這項語言所寫成的。」**若沒辦法理解數學，將無法科學地探究宇宙的真理**。

我自己是在高二的時候，（透過物理）了解到數學的魅力。在此之前，若真要說，我比較喜歡文組科目，成績方面也是國文、英文比數學好。但是，多虧自己沒有放棄學習數學，才能在對自然科學產生興趣的時候，直接選擇理組這條道路。每個人想要了解自然科學的時期不盡相同，但學習數學需要花費時間。正因如此，我們才必須事先學習數學，以為不知何時到來的那個時機做準備。

數學很優美？

以《天鵝湖》《胡桃鉗》作曲家聞名的柴可夫斯基曾留下這樣一段話：

「如果數學不優美，數學本身就不會誕生出來。人類頂尖的天才們深深為這門難解的學問著迷，除了美之外還有什麼吸引人之處呢？」

再來，活躍於 20 世紀的匈牙利數學家保羅・艾狄胥（Paul Erdos）也說道：

「數為什麼優美？這就像在問：貝多芬《第九號交響曲》為什麼優美？若你自己心中沒有答案，其他人也沒辦法回答你。我知道數是優美的。如果數不優美，就不存在優美的事物了。」

順便一提，艾狄胥一生發表的論文數量，僅次於那位李昂哈德・歐拉（Leonhard Euler）。據說他不眠不休的埋首研究。有一說是，他一天花費 19 小時思考數學問題。

翻查字典可得知，「美」的解釋為「刺激知覺、感覺、情感，引起內在快感的事物」（截自日本字典《廣辭苑》）。

那麼，數學有什麼會引起內在快感呢？

我想應該是數學具有下述四項性質：

①**對稱性**

②**合理性**

③**意外性**

④**簡潔性**

關於①**對稱性**，若東京鐵塔、富士山不是左右對稱，應該不會讓人為之著迷吧。從古希臘時代開始，左右對稱就被認為是人評定優美的重要要素。

圓形、正方形等圖形不用說，數學式有時也有對稱性，此時會覺得優美是非常自然的。

關於②**合理性**，經由數學證明的正確結論，永遠都不會被推翻。它將超越立場、國家、時代，一直保持真實。19 世紀的英國詩人約翰・濟慈（John Keats）吟詠：

「美即是真，真即是美。」

若真是如此（我全面認同），在能夠遇見真實的數學中，肯定不少人都能感受

到優美吧。

關於③**意外性**，如下一加一減奇數的倒數，最後會收斂到圓周率的四分之一：

$$\frac{1}{1} - \frac{1}{3} + \frac{1}{5} - \frac{1}{7} + \frac{1}{9} - \frac{1}{11} + \cdots = \lim_{n \to \infty} \sum_{k=0}^{n} \left\{ (-1)^k \frac{1}{2k+1} \right\} = \frac{\pi}{4}$$

這個數學式稱為「萊布尼茲（Gottfried Leibniz）圓周率公式」，在學習數學的過程中，時常會像這樣碰到令人意外的事情。

想讓家人、朋友、戀人等重要的人高興時，許多人會準備驚喜派對、驚喜禮物。由此可見，對意外性感到驚豔會帶來「內在快感」。

關於④**簡潔性**，假設凸多面體（沒有內凹的多面體）的頂點（vertex）數為 V、邊（edge）數為 E、面（face）數為 F，則下述非常單純的數學式會成立：

$$V - E + F = 2$$

注意到這項連畢達哥拉斯（Pythagoras）柏拉圖（Plato）、歐幾里得（Euclidean）阿基米德（Archimedes）克卜勒（Kepler）勒內‧笛卡兒（Rene Descartes）都疏忽掉的簡單關係式的人是，18 世紀的偉大數學家李昂哈德‧歐拉。歐拉發現這項定理時，在寄給友人的信中興奮寫道：

「令人驚訝的是，據我所知，沒有其他人注意到這項立體幾何中的一般性質。」

不難想見，歐拉的心中肯定產生了「內在快感」。

數學家等科學家冥冥之中相信：「這個世界受到簡單的法則所支配」。而且，正因為在該簡潔中發現崇高的美，才願意將其一生奉獻給數學、科學。

Now, solve our problem.

挑戰大學入學考試！

【問題 1-1：集合的基礎】

❶ 關於集合 $A=\{x \mid$ 為整數、$2 \le x \le 12\}$、$B=\{x \mid x$ 為偶數、$5 \le x \le 17\}$，聯集 $A \cup B$ 有 ^甲☐ 個元素、聯集 $A \cup B$ 有 ^乙☐ 個元素。

❷ 已知全部整數的宇集合為 U，其部分集合 A、B 為

$$A=\{x \mid x \ge 10\}、B=\{x \mid x<-7 \text{ 或 } x>30\}。$$

試求集合 $\overline{A \cup B}$ 的元素個數。其中，$\overline{A \cup B}$ 為宇集合 U 中 $A \cup B$ 的補集。

（2005 年日本金澤工業大學）

 ❶ （甲）4　（乙）13

❷ 17 個

 ❶ 首先，在 { } 中分別列出集合 A 和集合 B 的所有元素（10 頁）。

$$A=\{2, 3, 4, 5, 6, 7, 8, 9, 10, 11, 12\}、B=\{6, 8, 10, 12, 14, 16\}$$

由下圖（稱為「文氏圖」）也可確認元素。

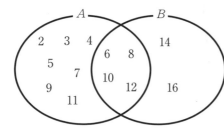

集合 B 是 5 以上 7 以下的偶數，所以 $B=\{6, 8, 10, 12, 14, 16\}$

$A \cap B=\{6, 8, 10, 12\}$、$A \cup B=\{2, 3, 4, 5, 6, 7, 8, 9, 10, 11, 12, 14, 16\}$，所以

$A \cap B$ 的元素數有 4 個

$A \cup B$ 的元素數有 13 個

2 首先，$A = \{x \,|\, x \geqq 10\} \Rightarrow \overline{A} = \{x \,|\, x < 10\}$、

$B = \{x \,|\, x < -7 \text{ 或 } > 30\} \Rightarrow \overline{B} = \{x \,|\, x \geq -7 \text{ 且 } \leqq 30\}$

整理集合的條件：

一般來說，「～以上」的否定是「～未滿」；「～未滿」的否定是「～以上」；「大於～」的否定是「～以下」。

還有，「或」的否定是「且」！

另外，$\overline{B}$ 可再整理為 $\overline{B} = \{x \,|\, -7 \leqq x \leqq 30\}$。

將這些條件標示到數線上。

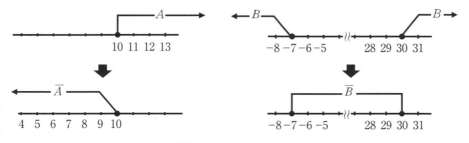

其中，題目中的 $\overline{A \cup B}$ 有些不太好理解，所以這邊使用笛摩根法則（12 頁）討論。

$$\overline{A \cup B} = \overline{A} \cap \overline{B}$$

由上圖可知

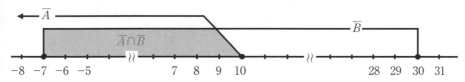

x 是滿足下式的整數

$$\overline{A} \cap \overline{B} = \{x \,|\, -7 \leqq x < 10\}$$

因此，欲求的**元素個數**為

$$9 - (-7) + 1 = 17 \text{ 個}^{*1}$$

---

*1 因為 $-7 \leqq x < 10$，所以不包含 10。另外，注意從 a 到 b 的整數個數會是 $b - a + 1$ 個。

【問題 1-2：必要條件與充分條件】

關於實數 a、b，從下述（a）～（d）選出適當的文句填入 ^甲 ⬚～^丁 ⬚。

$a=b$ 是 $a^2=b^2$ 的 ^甲 ⬚

$ab>0$ 是 $a>0$ 的 ^乙 ⬚

$ab=0$ 是 $a=0$ 的 ^丙 ⬚

$a=b=0$ 是 $a^2+b^2=0$ 的 ^丁 ⬚

（a）充分必要條件

（b）必要條件，但非充分條件

（c）充分條件，但非必要條件

（d）非必要條件，也非充分條件

（2000 年日本近畿大學）

（解答）（甲）（c）　（乙）（d）　（丙）（b）　（丁）（a）

（解說）

若 $p \Rightarrow q$ 為真，則 p 是（q 的）充分條件；q 是（p 的）必要條件。其中，若 $p \Rightarrow q$、$q \Rightarrow p$ 皆為真，則 p 是（q 的）充分必要條件；q 是（p 的）充分必要條件。

（甲）

$a = b \Rightarrow a^2 = b^2$ 為真，

$a^2 = b^2 \Rightarrow a = b$ 為假（反例：$a = -1$、$b = 1$）。

因此，

$a = b$ 是 $a^2 = b^2$ 的 充分條件。

（乙）

$ab > 0 \Rightarrow a > 0$ 為假（反例：$a = -1$、$b = -1$），

$a > 0 \Rightarrow ab > 0$ 為假（反例：$a = 1$、$b = -1$）。

因此，

$ab > 0$ 是 $a > 0$ 的 非必要條件，也非充分條件。

（丙）

$ab = 0 \Rightarrow a = 0$ 為假（反例：$a = 1$、$b = 0$），

$a = 0 \Rightarrow ab = 0$ 為真。

因此，

$ab = 0$ 是 $a = 0$ 的 必要條件。

（丁）

$a = b = 0 \Rightarrow a^2 + b^2 = 0$ 為真，

$a^2 + b^2 \Rightarrow a = b = 0$ 為真。

因此，

$a = b = 0$ 是 $a^2 + b^2 = 0$ 的 充分必要條件。

只要找到一個反例，該命題就為假！

【問題 1-3：逆反命題】基本

關於整數 a、b、c，討論下述命題 P：

「若 $a^2+b^2+c^2$ 為偶數，則 a、b、c 中至少有一個為偶數。」

1 從下列敘述選出命題 P 的逆命題、反命題、逆反命題。另外，對於命題 $p \Rightarrow q$，$q \Rightarrow p$ 為逆命題、$\overline{p} \Rightarrow \overline{q}$ 為反命題、$\overline{q} \Rightarrow \overline{p}$ 為逆反命題。其中，$\overline{p}$ 為 p 的否定。

（甲）若 a、b、c 中至少有一個為偶數，則 $a^2+b^2+c^2$ 為偶數。

（乙）若 a、b、c 全為奇數，則 $a^2+b^2+c^2$ 為奇數。

（丙）若 a、b、c 中至少有一個為奇數，則 $a^2+b^2+c^2$ 為奇數。

（丁）若 $a^2+b^2+c^2$ 為奇數，則 a、b、c 全為奇數。

（戊）若 $a^2+b^2+c^2$ 為奇數，則 a、b、c 中至少有一個為奇數。

2 使用逆反命題證明命題 P。

（2008 年日本愛知大學）

 解答 **1** 逆命題：（甲）、反命題：（丁）、逆反命題：（乙）

2 略（參見解說）

 解說 **1** 關於原命題，令

$$p：a^2+b^2+c^2\ \text{為偶數、}\ q：a、b、c\ \text{中至少有一個為偶數,}$$

則

$$\overline{p}：a^2+b^2+c^2\ \text{為奇數、}\ \overline{q}：a、b、c\ \text{全為奇數。}$$

「至少有一個為～」的否定是「全部都不是～」。

「不是偶數」就是「奇數」！

因此，

逆命題：$q \Rightarrow p$

　　a、b、c 中至少有一個為偶數 $\Rightarrow a^2 + b^2 + c^2$ 為偶數

反命題：$\bar{p} \Rightarrow \bar{q}$

　　$a^2 + b^2 + c^2$ 為奇數 $\Rightarrow a$、b、c 全為奇數

逆反命題：$\bar{q} \Rightarrow \bar{p}$

　　a、b、c 全為奇數 $\Rightarrow a^2 + b^2 + c^2$ 為奇數

2

 **證明**

證明命題 P 的逆反命題：「a、b、c 全為奇數 $\Rightarrow a^2 + b^2 + c^2$ 為奇數」。
因為 a、b、c 全是奇數，假設

　　$a = 2k + 1$、$b = 2l + 1$、$c = 2m + 1$（k、l、m 為整數），

則

$$
\begin{aligned}
a^2 + b^2 + c^2 &= (2k+1)^2 + (2l+1)^2 + (2m+1)^2 \\
&= 4k^2 + 4k + 1 + 4l^2 + 4l + 1 + 4m^2 + 4m + 1 \\
&= 2(2k^2 + 2k + 2l^2 + 2l + 2m^2 + 2m) + 3 \\
&= 2(2k^2 + 2k + 2l^2 + 2l + 2m^2 + 2m) + 2 + 1 \\
&= 2(2k^2 + 2k + 2l^2 + 2l + 2m^2 + 2m + 1) + 1
\end{aligned}
$$

$$
\left.\begin{aligned}
&(a+b)^2 \\
&= a^2 + 2ab + b^2
\end{aligned}\right\}
$$

$2k^2 + 2k + 2l^2 + 2l + 2m^2 + 2m + 1$ 為整數，所以 $a^2 + b^2 + c^2$ 為奇數。因為逆反命題為真，所以原命題 P 也為真。

（證畢）

逆反命題和原命題的真假一致。

想要證明為奇數，只要證明是「$2 \times$整數 $+ 1$」就行了。

【問題 1-4：反證法】應用

試用反證法證明：有理數和無理數的和為無理數。

（2004 年日本濱松大學）

解答 略（參見解説）

解説 注意「有理數和無理數的和為無理數」意為「有理數和無理數的和**全部皆為無理數**」。若該命題為假，則應該存在反例，所以**假設有理數和無理數的和當中存在有理數（相加後非無理數）**。

證明

假設有理數為 p、無理數為 α，則

$$p + \alpha = q \cdots ①$$

假設存在有理數 q 滿足上式。

由①可知

$$\alpha = q - p \cdots ②$$

但是，②的左邊為無理數、右邊為有理數，產生**矛盾**。

因此，滿足「$p + \alpha = q$」的有理數 q 不存在。

換言之，有理數和無理數的和皆為無理數。

> 反證法是先假設欲證明結論的否定，再推導該假設矛盾（18 頁）

（證畢）

> 有理數是能夠表示成分數的數；無理數是不能表示成分數的數，所有實數不是有理數就是無理數。另外，不存在同時為有理數與無理數的實數。

Aristotélēs

三段論法

在古希臘論證數學剛起步時，數學各領域都需要用到「**邏輯學**」。想要證明定理，需要從假設邏輯地推導出結論。

邏輯學是闡明**如何推論、證明正確思考流程**的學問，提示正確探求真實的方法。在邏輯學上，最初、最有名的功臣大概是**亞里斯多德（西元前 384－前 322 年）**。

身為柏拉圖弟子的亞里斯多德，是古希臘的哲學家、科學家，同時也是亞歷山大大帝的老師。

亞里斯多德留下了六本關於邏輯的著作，這些著作集結合稱為**《工具論》**（*Organon*）。在這本亞里斯多德系統化的邏輯學《工具論》中，**三段論法（syllogism）**擔任了重要角色。

三段論法是，根據兩個前提展開推論，最後得到一個結論的論法。下面舉個最為有名的三段論法例子。

①：所有人皆會死（大前提）

②：蘇格拉底是人（小前提）

   ↓（因此）

③：蘇格拉底會死（結論）

亞里斯多德將構成三段論法的各命題分為下述四種類型[1]：

A：所有的 X 為 Y（**全稱肯定判斷**）

I：某 X 為 Y（**特稱肯定判斷**）

E：所有的 X 不為 Y（**全稱否定判斷**）

O：某 X 不為 Y（**特稱否定判斷**）

亞里斯多德將①～③的各命題代入 A、I、E、O 四種文型，組合出共計 64（＝4^3）種不同的三段論法，分別檢討其妥當性。

亞里斯多德系統化「正確思考流程」這件事，被視為人類完成的偉業之一，成為西洋世界科學推論的基礎長達 2000 年之久。

*1 A、I 取自「肯定」的拉丁語「affimo」；E、O 取自「否定」的拉丁語「nego」。

【問題 2-1：情況數】基本

　　將五個字母 a、b、c、d、e 排成一列的排法共有 ^甲□ 種。其中，a 在 e 左側的排法共有 ^乙□ 種，b、c 相鄰的排法共有 ^丙□ 種。

（2008 年日本大同工業大學）

解答　（甲）120 （乙）60 （丙）48

解說

（甲）

準備 5 個排入字母的□，最左邊的□可選擇 a～e 五個字母，左邊第 2 個□可選擇剩下的四個字母，左邊第 3 個□可選擇剩下的三個字母……以此類推，最後計算如下：

□　　□　　□　　□　　□

$$_5P_5 = 5! = 5 \times 4 \times 3 \times 2 \times 1 = 120 \text{（種）}$$

相異 n 個事物全部排列（24 頁）的情況數為 $_nP_n = n!$。

（乙）

在「a、b、c、d、e」中，**將 a 和 e 換成△，討論「△、b、c、e、△」五個元素的排列**。

如此一來，當排列成「d、△、b、△、c」時，只要規定兩個△中左邊的△為 a、右邊的△為 e，就能完成符合題意的排列。換言之，**欲求的排列數跟「△、b、c、d、△」五元素的排列數相同**。

因此

$$10 \times 6 \times 1 = \mathbf{60}（種）$$

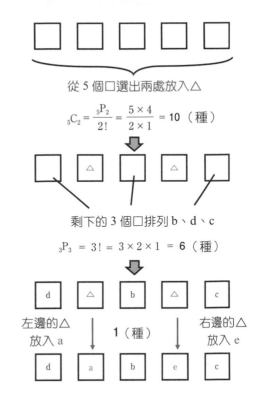

從 5 個□選出兩處放入△

$$_5C_2 = \frac{_5P_2}{2!} = \frac{5 \times 4}{2 \times 1} = 10（種）$$

剩下的 3 個□排列 b、d、c

$$_3P_3 = 3! = 3 \times 2 \times 1 = 6（種）$$

| d | △ | b | △ | c |

左邊的△放入 a　　　1（種）　　右邊的△放入 e

| d | a | b | e | c |

（丙）

特定元素相鄰時，固定解法為**將相鄰的元素想成一個元素**。

這次將 b 和 c 想成□，討論 a、d、e、□四個元素的排列。其中，□也要考慮排列順序。

因此，

$$24 \times 2 = \mathbf{48}（種）$$

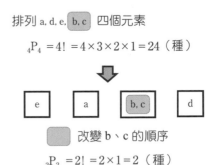

排列 a, d, e, b, c 四個元素

$$_4P_4 = 4! = 4 \times 3 \times 2 \times 1 = 24（種）$$

| e | a | b, c | d |

改變 b、c 的順序

$$_2P_2 = 2! = 2 \times 1 = 2（種）$$

【問題 2-2：機率的基礎】基本

投擲兩枚硬幣，兩枚硬幣同為正面的機率為 ^甲 ☐ ，一正一反的機率為 ^乙 ☐ 。

（2007 年日本芝浦工業大學）

 解答 （甲）$\frac{1}{4}$ （乙）$\frac{1}{2}$

 解說

（甲）

投擲兩枚硬幣試驗（28 頁）的樣本空間[*2]（28 頁）有下述四種：

$$\{（正・正）、（正・反）、（反・正）、（反・反）\}$$

其中，兩枚同為正面的事件只有（正・正）一種。

因此，欲求機率為 $\frac{1}{4}$。

（乙）

樣本空間跟（甲）一樣為四種。一正一反的事件有（正・反）、（反・正）兩種。

因此，欲求機率為 $\frac{2}{4} = \frac{1}{2}$。

> 樣本空間不是 {（正・正）、（正・反）、（反・反）} 三種嗎？

> 這樣一來，（正・反）會比（正・正）、（反・反）更容易出現，樣本空間的各要素必須具有相同可能性喔（29 頁）。

正 正	反 正
正 反	反 反

---

*2 樣本空間又稱為全事件（universal event）。高中教科書可能比較常出現「全事件」。

Jakob Bernoulli(1654-1705)

計算與經驗哪個才正確？

活躍於 19 世紀初的數學家兼物理學家**皮耶－西蒙・拉普拉斯（Pierre-Simon Laplace）**，定義了古典機率（聽到機率時最先想到的一般機率）。拉普拉斯年輕時，曾與老師讓・勒朗・達朗貝爾（Jean le Rond d'Alembert）爭論與問題 2-2(P190) 完全相同的問題。

投擲兩枚硬幣時，拉普拉斯認為兩枚同為正面的機率是 $\frac{1}{4}$，而達朗貝爾認為兩枚硬幣的正反情況為（正・正）、（正・反）、（反・反）三種，所以兩枚同為正面的機率為 $\frac{1}{3}$。當然，正確的人是拉普拉斯，但機率是憑藉著何種依據才能說是「正確的」呢？

假設反覆投擲兩枚硬幣 40 次，無論是誰，或是進行了幾組試驗，若測試出 10 次同為正面，或許就能打從心底認同機率為 $\frac{1}{4}$。但是，實際情況並非如此。

我現在試著投擲兩枚硬幣 40 次，兩枚同為正面的情況出現 8 次，則兩枚同為正面的機率僅為 $\frac{1}{5}$。

理所當然地，兩枚硬幣不會記憶也沒有意志。經由人手投擲 40 次的過程中，硬幣之間不會記憶過去的結果，商討下次出現哪一面，好讓兩枚同為正面的機率恰好為 $\frac{1}{4}$。正因為如此，投擲 40 次兩枚同為正面的情況可能為 0 次，也有可能為 20 次。

關於計算求得的機率（稱為**數學機率**或者**理論機率**）與由實際數據得到的比例（稱為**經驗機率**或者**統計機率**），率先區分兩者差異的是瑞士數學家**雅各布・白努利（1654 － 1705）**。白努利得出結論：反覆進行相互獨立的試驗 n 次時，若 n 趨近無限大，則經驗機率（數據上的比例）會趨近數學機率。這稱為**大數法則（law of large number）**。關於這項法則，白努利如此寫道：

「如果永久持續觀察所有事件（機率最後會完全接近確切的數值），會覺得世間萬物皆以一定的比率發生吧。就連極為偶然的事件，也會認為是理所當然的結果。」

【問題 2-3：和事件與機率的加法定理】基本

已知有九張分別寫有數字 1 到 9 的紙牌，從中選出三張時，紙牌數字全為奇數的機率為 ^甲☐。又三張紙牌數字相加為奇數的機率為 ^乙☐。

（2004 年日本福岡大學）

解答 （甲）$\dfrac{5}{42}$ （乙）$\dfrac{10}{21}$

解說

（甲）

從 1 到 9 相異九張紙牌中選出三張時，**樣本空間的組合數為 $_9C_3$ 種**。其中，若想要三張皆為奇數，則這三張必須從 1、3、5、7、9 五張紙牌中選出，所以有 $_5C_3$ **種**。

因此，欲求機率為

$$\frac{_5C_3}{_9C_3} = \frac{\dfrac{_5P_3}{3!}}{\dfrac{_9P_3}{3!}} = \frac{_5P_3}{3!} \div \frac{_9P_3}{3!} = \frac{_5P_3}{3!} \times \frac{3!}{_9P_3} = \frac{_5P_3}{_9P_3} = \frac{5 \times 4 \times 3}{9 \times 8 \times 7} = \frac{5}{42}$$

（乙）

樣本空間跟（甲）相同，共有 $_9C_3$ **種**。其中，若想要三張紙牌的數字和為奇數，則需為下述情況之一：

〔事件 A〕三張皆為奇數

〔事件 B〕三張中一張為奇數、兩張為偶數

〔事件 A 的機率〕

由（甲）可知 $P(A) = \dfrac{5}{42}$

〔**事件 B 的機率**〕

從 1、3、5、7、9 五張奇數紙牌中選出一張，從 2、4、6、8 四張偶數紙牌中選出兩張，共有 $_5C_1 \times _4C_2$ 種。

$$P(B) = \frac{_5C_1 \times _4C_2}{_9C_3} = \frac{\dfrac{_5P_1}{1!} \times \dfrac{_4P_2}{2!}}{\dfrac{_9P_3}{3!}} = \left(\frac{_5P_1}{1!} \times \frac{_4P_2}{2!}\right) \div \frac{_9P_3}{3!}$$

$$= \frac{_5P_1}{1!} \times \frac{_4P_2}{2!} \times \frac{3!}{_9P_3}$$

$$= \frac{5}{1} \times \frac{4 \times 3}{2 \times 1} \times \frac{3 \times 2 \times 1}{9 \times 8 \times 7} = \frac{5}{14}$$

欲求機率是事件 A 和事件 B 的和事件（30 頁）機率 $P(A \cup B)$。

因為事件 A 和事件 B 互斥（32 頁），所以由加法定理（32 頁）可知

$$\boldsymbol{P(A \cup B) = P(A) + P(B)} = \frac{5}{42} + \frac{5}{14} = \frac{5}{42} + \frac{15}{42} = \frac{20}{42} = \boldsymbol{\frac{10}{21}}$$

複習一下排列 $_nP_r$、組合 $_nC_r$ 的計算公式吧！

$$_nP_r = \frac{n!}{(n-r)!}$$

$$_nC_r = \frac{_nP_r}{r!} = \frac{\dfrac{n!}{(n-r)!}}{r!} = \frac{n!}{(n-r)!r!}$$

其中，$n! = n \times (n-1) \times (n-2) \times \cdots \cdots \times 3 \times 2 \times 1$

像是這樣

$$_4P_2 = \frac{4!}{(4-2)!} = \frac{4!}{2!} = \frac{4 \times 3 \times 2 \times 1}{2 \times 1} = 4 \times 3$$

$$_4C_2 = \frac{_4P_2}{2!} = \frac{4 \times 3}{2!} = \frac{4 \times 3}{2 \times 1}$$

樣本空間也可**用排列來討論**，但使用排列討論樣本空間時，（理所當然）欲求機率的**特定事件也得用排列來討論**。

（甲）

樣本空間的元素排列數為 $_9P_3$ 種。若想要三張紙牌的數字皆為奇數，則紙牌的出現方式為（奇數、奇數、奇數），情況數為從五張奇數紙牌中選出三張排列，共有 $_5P_3$ 種。

因此，欲求機率為 $\dfrac{_5P_3}{_9P_3}=\dfrac{5\times4\times3}{9\times8\times7}=\dfrac{\mathbf{5}}{\mathbf{42}}$

（乙）

樣本空間跟（甲）相同，共有 $_9P_3$ 種。若想要三張紙牌的數字和為奇數，則需為下述情況之一：

〔事件 A〕三張皆為奇數
〔事件 B〕三張中一張為奇數、兩張為偶數

〔**事件 A 的機率**〕由（甲）可知 $P(A)=\dfrac{5}{42}$

〔**事件 B 的機率**〕

因為現在是用排列討論，注意三張中一張為奇數、兩張為偶數的情況有下述三種：

（奇數、偶數、偶數）、（偶數、奇數、偶數）、（偶數、偶數、奇數）

三種情況的奇數紙牌選法皆為 $_5P_1$ 種。第一張的偶數紙牌的選法，是從四張偶數紙牌中選出，共有 $_4P_1$ 種；第二張的偶數紙牌選法，是從剩下的三張偶數紙牌中選出，共有 $_3P_1$ 種。因此，事件 B 的情況數為

$$_5P_1\times_4P_1\times_3P_1+_4P_1\times_5P_1\times_3P_1+_4P_1\times_3P_1\times_5P_1=_5P_1\times_4P_1\times_3P_1\times3$$

因此，$P(B)=\dfrac{_5P_1\times_4P_1\times_3P_1\times3}{_9P_3}=\dfrac{5\times4\times3\times3}{9\times8\times7}=\dfrac{5}{14}$

因為事件 A 和事件 B 互斥，所以欲求機率 $P(A\cup B)$ 為

$$P(A\cup B)=P(A)+P(B)=\dfrac{5}{42}+\dfrac{5}{14}=\dfrac{10}{21}$$

【問題 2-4：重複試驗的機率】基本

反覆進行 A 贏過 B 的機率為 $\dfrac{1}{3}$、B 贏過 A 的機率為 $\dfrac{2}{3}$ 的遊戲，假設先贏三局的人獲勝，試求遊戲進行四局且 A 獲勝的機率。另外，試求遊戲進行到五局才有人獲勝的機率。

（2003 年日本同志社女子大學）

 解答

遊戲進行四局且 A 獲勝的機率為 $\dfrac{2}{27}$

遊戲進行五局才有人獲勝的機率為 $\dfrac{8}{27}$

 解說

（前半）

遊戲進行四局且 A 獲勝，表示 A 在前三局已經贏得兩勝（B 為一勝），並在第四局贏得勝利。前三局中 A 贏得兩勝的機率，可使用重複試驗的公式（35 頁）計算：

$$_{3}C_{2}\left(\frac{1}{3}\right)^{2}\left(\frac{2}{3}\right)\times\frac{1}{3}=\frac{3\times2}{2!}\times\frac{1}{9}\times\frac{2}{3}\times\frac{1}{3}=\frac{2}{27}$$

重複試驗的公式：
$_{n}C_{k}p^{k}(1-p)^{n-k}$

在三局重複試驗中，　　　A 在第四局贏得勝
A 贏得兩局的機率　　　利的機率

（後半）

遊戲進行到第五局才有人獲勝，表示 A 在前四局贏得兩勝（B 為兩勝，第五局比賽誰勝利都沒關係）。

$$_{4}C_{2}\left(\frac{1}{3}\right)^{2}\left(\frac{2}{3}\right)^{2}\times1=\frac{4\times3}{2!}\times\frac{1}{9}\times\frac{4}{9}\times1=\frac{8}{27}$$

進行四局重複試驗，　　第五局誰贏得
A 獲得兩勝的機率　　　勝利都沒關係

【問題 2-5：條件機率】 應用

　　已知 0、1 兩個訊號的發送機率分別為 0.4、0.6，但接受訊號時，正確收到 0、1 的機率為 0.9，剩下 0.1 的機率會收到相反的訊號。

　　此時，收到的訊號為 0 的機率為 $\dfrac{\text{甲} \boxed{}}{100}$。

　　又收到 0 的訊號而發送訊號為 0 的機率為 $\dfrac{\text{乙} \boxed{}}{\text{丙} \boxed{}}$。

（2009 年日本大阪工業大學）

（解答）（甲）42　（乙）6（丙）7

（解說）

（甲）事件 A 和事件 B 如下定義：

〔事件 A〕：**接收訊號為 0**
〔事件 B〕：**發送訊號為 0**

　　接收訊號為 0，表示發送訊號為 0 且接收訊號為 0（正確接收），或者發送訊號為 1 且接收訊號為 0（收到相反訊號）。

　　使用機率的乘法定理（39 頁）：

發送 0 且接收 0　　　　發送 1 且接收 0

$$P(B) = P(\overset{\frown}{A \cap B}) + P(\overset{\frown}{\overline{A} \cap B})$$

$$= P(A)P_A(B) + P(\overline{A})P_{\overline{A}}(B)$$

$$= \frac{4}{10} \times \frac{9}{10} + \frac{6}{10} \times \frac{1}{10}$$

正確收到　　　收到相反訊號

$$= \frac{36 + 6}{100} = \frac{\mathbf{42}}{100}$$

> 「發送 0」是事件 A，所以「發送 1」是事件 $\overline{A}$。

> 機率的乘法定理：
> $P(A \cap B) = P(A) \times P_A(B)$

196

（乙）（丙）

欲求機率是，接收到 0 時發送訊號為 0 的條件機率（38 頁）。使用前頁定義的事件符號的話，欲求機率為 $P_B(A)$。

由貝氏定理（40 頁）可知

$$P_B(A) = \frac{P(A \cap B)}{P(A \cap B) + P(\overline{A} \cap B)}$$

代入（甲）的結果，則

$$P_B(A) = \frac{P(A \cap B)}{P(A \cap B) + P(\overline{A} \cap B)} = \frac{P(A)P_A(B)}{P(B)} = \frac{\frac{4}{10} \times \frac{9}{10}}{\frac{42}{100}} = \frac{36}{42} = \frac{6}{7}$$

貝氏定理在高中的教科書稱為「事後機率（posterior probability）」。重點是定義事件，再將欲求事物改寫成 $P_B(A)$ 等符號。

 這邊也用圖解來確認上述欲求的 $P_B(A)$ 吧。

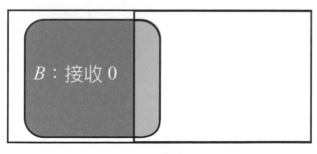

【問題 3-1：函數的基礎】 困 難

已知拋物線 $C：y=x^2$ 和直線 $l_1：y=px-1$、$l_2：-x-p+4$ 相交於一點。試求實數 p 的數值。

（2006 年日本京都大學）

解答 $p=2, \pm\sqrt{13}$

解說 先求直線 l_1 和直線 l_2 的交點。

求解下述聯立方程式[*3]：

$$\begin{cases} y=px-1 & \cdots① \\ y=-x-p+4 & \cdots② \end{cases}$$

順便一提，l_1 和 l_2「相交一點」，所以兩線不平行。換言之，$p\neq-1 \Rightarrow p+1\neq0$。

將①代入②，得

$$px-1=-x-p+4 \quad \Rightarrow \quad (p+1)x=-p+5 \quad \Rightarrow \quad x=\frac{-p+5}{p+1} \quad \cdots③$$

> 因為 $p+1\neq0$，所以可除以 $p+1$ 嘛。

將③代入①，得

$$y=p\cdot\frac{-p+5}{p+1}-1=\frac{-p^2+5p}{p+1}-1=\frac{-p^2+5p-(p+1)}{p+1}=\frac{-p^2+4p-1}{p+1} \quad \cdots④$$

[*3] 一般來說，兩圖形的交點，是同時滿足（能夠代入）兩圖數學式的點。因此，列出兩圖數學式的聯立方程式，其解便是交點。

由③、④可知，l_1 和 l_2 的交點為

$$\left(\frac{-p+5}{p+1}, \frac{-p^2+4p-1}{p+1}\right)$$

拋物線 C 和兩直線 l_1、l_2「相交一點」，表示 l_1 和 l_2 的交點落於拋物線 $C：y=x^2$ 上，所以，

$$\frac{-p^2+4p-1}{p+1}=\left(\frac{-p+5}{p+1}\right)^2 \quad\Rightarrow\quad \frac{-p^2+4p-1}{p+1}=\frac{(-p+5)^2}{(p+1)^2}$$

$y=f(x)$ 上的點座標能夠代入 $y=f(x)$！

兩邊乘上 $(p+1)^2$

$$\frac{-p^2+4p-1}{p+1}\times(p+1)^2=\frac{(-p+5)^2}{(p+1)^2}\times(p+1)^2$$

$\Rightarrow\quad (-p^2+4p-1)(p+1)=(-p+5)^2$

$\Rightarrow\quad -p^3+4p^2-p-p^2+4p-1=p^2-10p+25$

$\Rightarrow\quad -p^3+2p^2+13p-26=0$

$\Rightarrow\quad p^3-2p^2-13p+26=0$

$\Rightarrow\quad p^2(p-2)-13(p-2)=0$

$\Rightarrow\quad (p-2)(p^2-13)=0$

$\Rightarrow\quad p-2=0 \text{ or } p^2-13=0$

$\Rightarrow\quad \boldsymbol{p=2 \text{ or } p=\pm\sqrt{13}}$

> $(a+b)^2$
> $=a^2+2ab+b^2$

> $AB=0$
> $\Rightarrow A=0 \text{ or } B=0$

（確認）：這滿足 $p+1\neq0$。

【問題 3-2：二次函數】應用

假設某商品價格 x 元時銷售量為 n 個，數學式如下：

$$n = -x + 1000$$

其中，$0 < x < 1000$。

 試求營業額 $S = nx$ 最大時的價格。

2 假設此商品製造 n 個時的成本 C 為 n 的一次方程式，也就是 $C = an + b$。

（甲）試以 x、a、b 表示利潤 $P = S - C$。

（乙）利潤 P 最大的價格為 600 元時，試求 a 的數值。

（2006 年日本專修大學）

解答

1 500 元

2 （甲）$P = -x^2 + (1000 + a)x - 1000a - b$　　（乙）$a = 200$

解說

1 由題意可知，價格 x 元和銷售量 n 個之間 $n = -x + 1000$ 成立，將此數學式代入銷售量式子 $S = nx$。

$$S = nx = (-x + 1000)x \quad \Rightarrow \quad S = -x^2 + 1000x \quad \cdots ①$$

S 為 x 的二次函數。以縱軸為 S、橫軸為 x 畫出圖形，就可知 S 最大時的 x 值，所以對①使用配方法（48 頁）。

$$\begin{aligned} S &= -x^2 + 1000x \\ &= -(x^2 - 1000x) \\ &= -\{(x-500)^2 - 25000\} \\ &= -(x-500)^2 + 25000 \end{aligned}$$

按照 48 頁的步驟做嘛！

向上凸起的拋物線頂點為 **(500, 25000)**。而 x 的定義域為 $0 < x < 1000$，圖形如下：

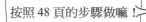

$y = a(x - p)^2 + q$ 的圖形頂點為 (p, q)

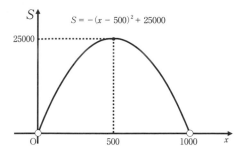

$$S = -(x - 500)^2 + 25000$$

由圖形可知，$x = 500$ 時 S 最大。換言之，商品價格為 500 元時，營業額 S 會最大。

2（甲）將 $n = -x + 1000$ 代入題意中的 $C = an + b$。

$$C = an + b = a(-x + 1000) + b = -ax + 1000a + b \quad \cdots ②$$

將①、②代入 $P = S - C$，得

$$P = S - C = -x^2 + 1000x - (-ax + 1000a + b)$$
$$= -x^2 + 1000x + ax - 1000a - b$$
$$\Rightarrow P = -x^2 + (a + 1000)x - 1000a - b$$

（乙）P 也為 x 的二次函數，所以再次使用**配方法**。

$$P = -x^2 + (a + 1000)x - 1000a - b$$
$$= -\{x^2 - (a + 1000)x\} - 1000a - b$$
$$= -\left\{\left(x - \frac{a + 1000}{2}\right)^2 - \left(\frac{a + 1000}{2}\right)^2\right\} - 1000a - b$$
$$= -\left(x - \frac{a + 1000}{2}\right)^2 + \left(\frac{a + 1000}{2}\right)^2 - 1000a - b$$

P 為**向上凸起的拋物線**，且 $x = 600$ 時出現最大值，表示**圖形頂點的 x 座標為 600**，所以

$$\frac{a + 1000}{2} = 600$$
$$\Rightarrow \quad a + 1000 = 1200$$
$$\Rightarrow \quad a = 200$$

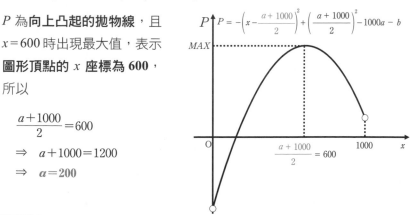

在 $0° \leqq \theta \leqq 90°$ 的範圍，試求 $\sin \theta + \sqrt{3} \cos \theta$ 的最大值和最小值。

（2000 年日本上智大學）

解答 $\theta = 30°$ 時最大值為 2、$\theta = 90°$ 時最小值為 1

解說 使用三角函數的合成（58 頁）：

$$\sin \theta + \sqrt{3} \cos \theta = \sqrt{1^2 + \sqrt{3}^2} \sin(\theta + \alpha) = \sqrt{4} \sin(\theta + \alpha) = 2 \sin(\theta + \alpha) \quad \cdots ①$$

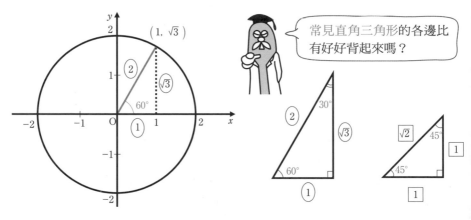

常見直角三角形的各邊比有好好背起來嗎？

由上圖可知 $\alpha = 60°$，代入①得

$$\sin \theta + \sqrt{3} \cos \theta = 2 \sin(\theta + 60°)$$

由 $0° \leqq \theta \leqq 90°$ 可知

$$60° \leqq \theta + 60° \leqq 150°$$

因此（由右圖可知），

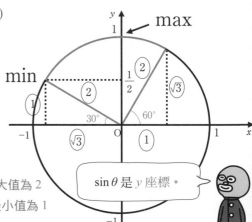

$$\frac{1}{2} \leqq \sin(\theta + 60°) \leqq 1$$

$$\Rightarrow \quad 1 \leqq 2 \sin(\theta + 60°) \leqq 2$$

$\theta + 60° = 90° \Rightarrow$ 在 $\theta = 30°$ 最大值為 2

$\theta + 60° = 150° \Rightarrow$ 在 $\theta = 90°$ 最小值為 1

$\sin \theta$ 是 y 座標。

方程式 $81\sqrt{3}\times9^{x^2}-3^{6x}=0$ 的解 $x=\boxed{}$。

（2014 年日本關西大學）

 $\dfrac{3}{2}$

解說 按照指數法則（59 頁）計算。

$81\sqrt{3}\times9^{x^2}-3^{6x}=0$

$\Rightarrow\quad 81\sqrt{3}\times(3^2)^{x^2}-3^{6x}=0$

$\Rightarrow\quad 81\sqrt{3}\times3^{2\times x^2}-3^{6x}=0$

$\Rightarrow\quad 3^4\times3^{\frac{1}{2}}\times3^{2x^2}-3^{6x}=0$

$\Rightarrow\quad 3^{4+\frac{1}{2}+2x^2}-3^{6x}=0$

$\Rightarrow\quad 3^{4+\frac{1}{2}+2x^2}=3^{6x}$

$\Rightarrow\quad 3^{2x^2+\frac{9}{2}}=3^{6x}$

$\Rightarrow\quad 2x^2+\dfrac{9}{2}=6x$

$\Rightarrow\quad 4x^2+9=12x$

$\Rightarrow\quad 4x^2-12x+9=0$

$\Rightarrow\quad (2x-3)^2=0$

$\Rightarrow\quad 2x-3=0$

$\Rightarrow\quad x=\dfrac{3}{2}$

$(a^m)^n=a^{mn}$

有理數的指數（62 頁）
$\sqrt[n]{a}=a^{\frac{1}{n}}$

$a^m\times a^n=a^{m+n}$

一般來說，$a^p=a^q\Rightarrow p=q$
（其中，$a>0$ 且 $a\neq1$）。

$a^2-2ab+b^2$
$=(a-b)^2$

解答 23 塊以上

 解說

假設通過 1 塊玻璃板的光強度變成 x 倍。

未通過任何玻璃板的光強度為 S。

通過 1 塊玻璃板的光強度為 Sx

通過 2 塊玻璃板的光強度為 $Sx \times x = Sx^2$

通過 3 塊玻璃板的光強度為 $Sx^2 \times x = Sx^3$

……

同理，

通過 n 塊玻璃板的光強度為 Sx^n

由題意「光線通過重疊 10 塊的玻璃板時，光的強度為原本的 $\frac{2}{5}$ 倍」，

可如下列出數學式：

$$Sx^{10} = S \times \frac{2}{5} \quad \Rightarrow \quad \boldsymbol{x^{10} = \frac{2}{5}} \quad \cdots ①$$

在①的兩邊取常用對數（71 頁）[*4]，則

$$\log_{10} x^{10} = \log_{10} \frac{2}{5}$$

$$\Rightarrow \quad 10 \log_{10} x = \log_{10} 2 - \log_{10} 5$$

$$\Rightarrow \quad \boldsymbol{\log_{10} x} = \frac{\log_{10} 2 - \log_{10} 5}{10} \fallingdotseq \frac{0.3010 - 0.6990}{10} = \boldsymbol{-0.0398} \quad \cdots ②$$

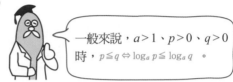

$$\log_a M^r = r \log_a M$$

$$\log_a \frac{M}{N} = \log_a M - \log_a N$$

假設通過 k 塊玻璃板時，光強度低於原本的 $\frac{1}{8}$。

$$Sx^k \leqq S \times \frac{1}{8} \quad \Rightarrow \quad \boldsymbol{x^k \leqq \frac{1}{8}} \quad \cdots ③$$

由③可知

一般來說，$a>1$、$p>0$、$q>0$ 時，$p \leqq q \Leftrightarrow \log_a p \leqq \log_a q$。

$$\log_{10} x^k \leqq \log_{10} \frac{1}{8}$$

$$\Rightarrow \quad k \log_{10} x \leqq \log_{10} 1 - \log_{10} 8 = 0 - \log_{10} 2^3 = -3 \log_{10} 2 \fallingdotseq -3 \times 0.3010 = -0.9030$$

$$\Rightarrow \quad k \log_{10} x \leqq -0.9030 \quad \cdots ④$$

將④的 $\log_{10} x$ 代入②

$$k \cdot (-0.0398) \leqq -0.9030 \quad \Rightarrow \quad k \geqq \frac{-0.9030}{-0.0398} = \boldsymbol{22.688 \cdots}$$

若 $C < 0$，則

$$A \leqq B \Rightarrow \frac{A}{C} \geqq \frac{B}{C}$$

由 k 為整數可知 $k \geqq 23$。 因此，需要重疊 23 塊以上的玻璃板，光的強度才低於原本的 $\frac{1}{8}$ 倍。

*4 關於正數 p、q，從「$p=q$」轉為「$\log_{10} p = \log_{10} q$」的步驟，稱為「**取常用對數**」。

【問題 4-1：極限】基本

已知函數 $f(x)=\lim\limits_{n\to\infty}\dfrac{7+6x+|x|-2x^{2n}}{1-x^n+x^{2n}}$。其中，$n$ 為自然數。

1 $0\leqq x<1$ 時，試求 $f(x)$。

2 $-1<x<0$ 時，試求 $f(x)$。

3 $x=1$ 時，試求 $f(x)$。又 $x=-1$ 時，試求 $f(x)$。

4 $|x|>1$ 時，試求 $f(x)$。

（2004 年日本東京理科大學）

解答 **1** $f(x)=7x+7$　**2** $f(x)=5x+7$
3 $f(1)=12$、$f(-1)=0$　**4** $f(x)=-2$

解說 **1** 因為 $0\leqq x<1$

> 若 $-1<r<1$，
> 則 $\lim\limits_{n\to\infty}r^n=0$

$|x|=x,\ \lim\limits_{n\to\infty}x^n=0,\ \lim\limits_{n\to\infty}x^{2n}=0$

$\Rightarrow\quad f(x)=\lim\limits_{n\to\infty}\dfrac{7+6x+|x|-2x^{2n}}{1-x^n+x^{2n}}=\dfrac{7+6x+x-2\cdot0}{1-0+0}=7x+7$

2 因為 $-1<x<0$

> $0\leqq x\Rightarrow|x|=x$
> $x<0\Rightarrow|x|=-x$

$|x|=-x,\ \lim\limits_{n\to\infty}x^n=0,\ \lim\limits_{n\to\infty}x^{2n}=0$

$\Rightarrow\quad f(x)=\lim\limits_{n\to\infty}\dfrac{7+6x+|x|-2x^{2n}}{1-x^n+x^{2n}}=\dfrac{7+6x-x-2\cdot0}{1-0+0}=5x+7$

3 $x=1$ 時，

$f(1)=\lim\limits_{n\to\infty}\dfrac{7+6\cdot1+|1|-2\cdot1^{2n}}{1-1^n+1^{2n}}=\dfrac{7+6+1-2}{1-1+1}=12$

$x=-1$ 時

$$f(-1)=\lim_{n\to\infty}\frac{7+6\cdot(-1)+|-1|-2\cdot(-1)^{2n}}{1-(-1)^n+(-1)^{2n}}$$

$$=\lim_{n\to\infty}\frac{7-6+1-2\cdot\{(-1)^2\}^n}{1-(-1)^n+\{(-1)^2\}^n}=\lim_{n\to\infty}\frac{7-6+1-2\cdot1^n}{1-(-1)^n+1^n}$$

$$=\lim_{n\to\infty}\frac{7-6+1-2}{1-(-1)^n+1}=0$$

4 將分母、分子除以 x^{2n}（乘以 $\dfrac{1}{x^{2n}}$）

$$f(x)=\lim_{n\to\infty}\frac{7+6x+|x|-2x^{2n}}{1-x^n+x^{2n}}$$

固定解法為分母、分子除以分母的最高次數。

$$=\lim_{n\to\infty}\frac{7+6x+|x|-2x^{2n}}{1-x^n+x^{2n}}\times\frac{\dfrac{1}{x^{2n}}}{\dfrac{1}{x^{2n}}}$$

$$=\lim_{n\to\infty}\frac{\dfrac{7}{x^{2n}}+6\cdot\dfrac{x}{x^{2n}}+\dfrac{|x|}{x^{2n}}-2\cdot\dfrac{x^{2n}}{x^{2n}}}{\dfrac{1}{x^{2n}}-\dfrac{x^n}{x^{2n}}+\dfrac{x^{2n}}{x^{2n}}}=\lim_{n\to\infty}\frac{\dfrac{7}{x^{2n}}+6\cdot\dfrac{1}{x^{2n-1}}+\dfrac{|x|}{x^{2n}}-2}{\dfrac{1}{x^{2n}}-\dfrac{1}{x^n}+1}\quad\cdots①$$

因為 $|x|>1$，可得

$$0<\frac{1}{|x|}<1\Rightarrow-1<\frac{1}{x}<1$$

$$\Rightarrow\lim_{n\to\infty}\frac{1}{x^n}=\lim_{n\to\infty}\left(\frac{1}{x}\right)^n=0,\ \lim_{n\to\infty}\frac{1}{x^{2n}}=\lim_{n\to\infty}\left(\frac{1}{x}\right)^{2n}=0,\ \lim_{n\to\infty}\frac{1}{x^{2n-1}}=\lim_{n\to\infty}\left(\frac{1}{x}\right)^{2n-1}=0$$

$$\Rightarrow\lim_{n\to\infty}\frac{|x|}{x^{2n}}=\lim_{n\to\infty}\frac{|x|}{(x^2)^n}=\lim_{n\to\infty}\frac{|x|}{(|x|^2)^n}=\lim_{n\to\infty}\frac{|x|}{|x|^{2n}}=\lim_{n\to\infty}\frac{1}{|x|^{2n-1}}=\lim_{n\to\infty}\left(\frac{1}{|x|}\right)^{2n-1}=0$$

由①可知

$$x^2=|x|^2$$

$$f(x)=\lim_{n\to\infty}\frac{\dfrac{7}{x^{2n}}+6\cdot\dfrac{1}{x^{2n-1}}+\dfrac{|x|}{x^{2n}}-2}{\dfrac{1}{x^{2n}}-\dfrac{1}{x^n}+1}=\frac{7\cdot0+6\cdot0+0-2}{0-0+1}=-2$$

【問題 4-2：微分法】應用

假設 $f(x) = x^{\frac{1}{3}} (x > 0)$。

1 已知 $f(x) \cdot f(x) \cdot f(x) = x$，試以積的微分公式來求 $f'(x)$。

2 試以 $f'(x) = \lim_{h \to 0} \dfrac{f(x+h) - f(x)}{h}$ 來求 $f'(x)$。

（2007 年日本關西大學）

 解答

　　1　$f'(x) = \dfrac{1}{3} x^{-\frac{2}{3}}$　　2　$f'(x) = \dfrac{1}{3} x^{-\frac{2}{3}}$

解説

　　1　將 $f(x) \cdot f(x) \cdot f(x) = x$ 的兩邊微分。

$$x' = \frac{d}{dx} x = \frac{dx}{dx} = 1$$

$\{f(x) \cdot f(x) \cdot f(x)\}' = x'$

$\Rightarrow [\{f(x) \cdot f(x)\} \cdot f(x)]' = 1$

積的導函數公式（85 頁）：
$$\{f(x)g(x)\}' = f'(x)g(x) + f(x)g'(x)$$

$\Rightarrow \{f(x) \cdot f(x)\}' f(x) + \{f(x) \cdot f(x)\} \cdot f'(x) = 1$

$\Rightarrow \{f'(x) \cdot f(x) + f(x) \cdot f'(x)\} f(x) + \{f(x) \cdot f(x)\} \cdot f'(x) = 1$

$\Rightarrow 2f'(x) \cdot f(x) \cdot f(x) + f(x) \cdot f(x) \cdot f'(x) = 1$

$\Rightarrow 2f'(x) \cdot \{f(x)\}^2 + f'(x) \cdot \{f(x)\}^2 = 1$

$\Rightarrow 3f'(x) \cdot \{f(x)\}^2 = 1$

$\Rightarrow f'(x) = \dfrac{1}{3\{f(x)\}^2} = \dfrac{1}{3\left(x^{\frac{1}{3}}\right)^2} = \dfrac{1}{3x^{\frac{2}{3}}} = \dfrac{1}{3} x^{-\frac{2}{3}}$

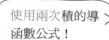 使用兩次積的導函數公式！

$$\frac{1}{a^n} = a^{-n}$$

(1)最大的重點是

$\{f(x) \cdot f(x) \cdot f(x)\}' = [\{f(x) \cdot f(x)\} \cdot f(x)]'$ ，

將 $f(x) \cdot f(x)$ 視為一個要素。這跟

$(a+b+c)^2 = \{(a+b)+c\}^2 = (a+b)^2 + 2(a+b)c + c^2$

的運算相似。將三個要素分成兩個和一個

的思維很重要。

2 $f'(x) = \lim\limits_{h \to 0} \dfrac{f(x+h) - f(x)}{h}$

$= \lim\limits_{h \to 0} \dfrac{(x+h)^{\frac{1}{3}} - x^{\frac{1}{3}}}{h}$

$= \lim\limits_{h \to 0} \dfrac{(x+h)^{\frac{1}{3}} - x^{\frac{1}{3}}}{h} \times \dfrac{(x+h)^{\frac{2}{3}} + (x+h)^{\frac{1}{3}} x^{\frac{1}{3}} + x^{\frac{2}{3}}}{(x+h)^{\frac{2}{3}} + (x+h)^{\frac{1}{3}} x^{\frac{1}{3}} + x^{\frac{2}{3}}}$

$= \lim\limits_{h \to 0} \dfrac{\left\{(x+h)^{\frac{1}{3}}\right\}^3 - \left(x^{\frac{1}{3}}\right)^3}{h\left\{(x+h)^{\frac{2}{3}} + (x+h)^{\frac{1}{3}} x^{\frac{1}{3}} + x^{\frac{2}{3}}\right\}}$

> $(a-b)(a^2 + ab + b^2)$
> $= a^3 - b^3$

$= \lim\limits_{h \to 0} \dfrac{(x+h) - x}{h\left\{(x+h)^{\frac{2}{3}} + (x+h)^{\frac{1}{3}} x^{\frac{1}{3}} + x^{\frac{2}{3}}\right\}}$

$= \lim\limits_{h \to 0} \dfrac{h}{h\left\{(x+h)^{\frac{2}{3}} + (x+h)^{\frac{1}{3}} x^{\frac{1}{3}} + x^{\frac{2}{3}}\right\}}$

$= \lim\limits_{h \to 0} \dfrac{1}{(x+h)^{\frac{2}{3}} + (x+h)^{\frac{1}{3}} x^{\frac{1}{3}} + x^{\frac{2}{3}}}$

$= \dfrac{1}{(x+0)^{\frac{2}{3}} + (x+0)^{\frac{1}{3}} x^{\frac{1}{3}} + x^{\frac{2}{3}}} = \dfrac{1}{x^{\frac{2}{3}} + x^{\frac{2}{3}} + x^{\frac{2}{3}}} = \dfrac{1}{3x^{\frac{2}{3}}} = \dfrac{1}{3} x^{-\frac{2}{3}}$

關於實數 r，下式會成立喔。

$(x^r)' = rx^{r-1}$

【問題 4-3：各種函數的微分】應用

試證對於所有正數 x、y，不等式 $x(\log x - \log y) \geqq x - y$ 成立。另外，試證等號僅成立於 $x = y$ 的時候。

（2002 年日本金澤大學）

解答 略（參見解説）

解説

假設 $f(t) = \log t$。

（i）$0 < x < y$ 時

由平均值定理（96 頁）可知，存在 u 滿足

$$\frac{f(y) - f(x)}{y - x} = f'(u) \text{ 且 } x < u < y \cdots ①$$

因為 $f(t) = \log t \Rightarrow f'(t) = \dfrac{1}{t}$，由①可得

$$f(t) = \log t \quad \Rightarrow \quad f'(t) = \frac{1}{t}$$

$$\frac{\log y - \log x}{y - x} = \frac{1}{u}$$

$$\Rightarrow \quad \boldsymbol{u(\log y - \log x) = y - x} \quad \cdots ②$$

由 $0 < x < y$ 可知 $\log y - \log x > 0$，所以 $x < u$ 的兩邊乘上 $\log y - \log x$ 會是

$$x(\log y - \log x) < u(\log y - \log x)$$

由②可得

$$x(\log y - \log x) < \boldsymbol{u(\log y - \log x)} = \boldsymbol{y - x}$$

$$\Rightarrow \quad x(\log y - \log x) < y - x \quad \cdots ③$$

在③的兩邊乘上 -1，得

$$\Rightarrow \quad \boldsymbol{x(\log x - \log y) > x - y}$$

> 平均值定理
> 若 $y = f(x)$ 的圖形在 $a \leqq x \leqq b$ 區間圓滑連接*，則必定存在實數 c 滿足下式：
> $$\frac{f(b) - f(a)}{b - a} = f'(c), \quad a < c < b$$

> $$(\log x)' = \frac{1}{x}$$

> $$\frac{a}{b} = \frac{p}{q} \Rightarrow aq = bp$$

> 若 $C > 0$，則
> $A < B \Rightarrow AC < BC$

> 若 $C < 0$，則
> $A < B \Rightarrow AC > BC$

*請參考 p96 註。

（ii）$0<y<x$ 時

跟（i）相同，由**平均值定理**可知，存在 v 滿足

$$\frac{f(x)-f(y)}{x-y}=f'(v) \quad \text{且} \quad y<v<x \quad \cdots ④$$

因為 $f'(t)=\dfrac{1}{t}$，由④可得

$$\frac{f(x)-f(y)}{x-y}=\frac{1}{v}$$
$$\Rightarrow \quad v(\log x-\log y)=x-y \quad \cdots ⑤$$

由 $0<y<x$ 可知 $\log x-\log y>0$，所以 $v<x$ 的兩邊乘上 $\log x-\log y$ 會是

$$v(\log x-\log y)<x(\log x-\log y)$$

由⑤可得

$$x-y=v(\log x-\log y)<x(\log x-\log y)$$
$$\Rightarrow \quad x(\log x-\log y)>x-y$$

（iii）$0<x=y$ 時

$$x(\log x-\log y)=0, \quad x-y=0$$

因此，$x(\log x-\log y)=x-y$

由（i）、（ii）、（iii）可知

$$x(\log x-\log y)\geqq x-y$$

等號僅成立於 $x=y$ 的時候。

（證畢）

【問題 4-4：積分法】基本

試求下述的定積分。

1 $\int_0^1 xe^x dx$ **2** $\int_0^\pi x \sin x dx$ **3** $\int_0^1 \frac{x}{1+x^2}dx$ **4** $\int_0^1 \frac{1}{1+x^2}dx$

（2004 年日本宮崎大學）

解答 **1** 1 **2** π **3** $\frac{1}{2}\log 2$ **4** $\frac{\pi}{4}$

解説 **1** 使用部分積分（104 頁）

$$\int_0^1 \overset{f}{x}\overset{g'}{e^x}dx = [\overset{f}{x}\overset{g}{e^x}]_0^1 - \int_0^1 \overset{f'}{1}\cdot\overset{g}{e^x}dx$$
$$= 1\cdot e^1 - 0\cdot e^0 - \int_0^1 e^x dx$$
$$= e - [e^x]_0^1$$
$$= e - (e^1 - e^0) = e - e + 1 = 1$$

> $\int f(x)g'(x)dx = f(x)g(x) - \int f'(x)g(x)dx$

> $f(x)$ 的不定積分為 $F(x)$ 時，
> $\int_a^b f(x)dx = [F(x)]_a^b = F(b) - F(a)$

> $\int e^x dx = e^x + C$

> $e^0 = 1$

2 這題也使用**部分積分**。

$$\int_0^\pi \overset{f}{x} \overset{g'}{\sin x}\, dx = [\overset{f}{x}(\overset{g}{-\cos x})]_0^\pi - \int_0^\pi \overset{f'}{1}\cdot(\overset{g}{-\cos x})dx$$
$$= \pi\cdot(-\cos\pi) - 0\cdot(-\cos 0) + \int_0^\pi \cos x dx$$
$$= \pi + [\sin x]_0^\pi$$
$$= \pi + (\sin\pi - \sin 0) = \pi + (0-0) = \pi$$

> $\int \sin x dx = -\cos x + C$

> $\int \cos x dx = \sin x + C$

> $\cos\pi = -1, \cos 0 = 1$
> $\sin\pi = 0, \sin 0 = 0$

3 使用代換積分（103 頁）

假設 $1+x^2=t$，兩邊對 x 做微分。

$$1+x^2=t \quad \Rightarrow \quad \frac{d}{dx}(1+x^2)=\frac{d}{dx}t$$

$$\Rightarrow \quad 0+2x=\frac{dt}{dx} \quad \Rightarrow \quad 2xdx=dt \quad \Rightarrow \quad \boldsymbol{xdx=\frac{1}{2}dt}$$

另外，x 和 t 的對應如同右表：

因此，

x	$0 \to 1$
t	$1 \to 2$

$$\int_0^1 \frac{x}{1+x^2}dx=\int_0^1 \frac{1}{1+x^2}xdx$$

$$=\int_1^2 \frac{1}{t}\cdot\frac{1}{2}dt$$

$$\int \frac{1}{x}dx=\log|x|+C$$

$$=\frac{1}{2}\int_1^2 \frac{1}{t}dt=\frac{1}{2}[\log|t|]_1^2$$

$$\log 1=0$$

$$=\frac{1}{2}(\log|2|-\log|1|)=\frac{1}{2}(\log 2-\log 1)=\frac{1}{2}(\log 2-0)=\frac{1}{2}\log 2$$

4 這題也使用**代換積分**。

假設 $\boldsymbol{x=\tan \theta}$，兩邊對 θ 做微分。

$$x=\tan\theta \quad \Rightarrow \quad \frac{d}{d\theta}x=\frac{d}{d\theta}\tan\theta \quad \Rightarrow \quad \frac{dx}{d\theta}=\frac{1}{\cos^2\theta} \quad \Rightarrow \quad \boldsymbol{dx=\frac{1}{\cos^2\theta}d\theta}$$

x 和 θ 的對應如同右表：

因此，

x	$0 \to 1$
θ	$0 \to \dfrac{\pi}{4}$

$$\int_0^1 \frac{1}{1+x^2}dx=\int_0^{\frac{\pi}{4}} \frac{1}{1+\tan^2\theta}\cdot\frac{1}{\cos^2\theta}d\theta$$

$$=\int_0^{\frac{\pi}{4}} \frac{1}{\dfrac{1}{\cos^2\theta}}\cdot\frac{1}{\cos^2\theta}d\theta=\int_0^{\frac{\pi}{4}}1d\theta=[\theta]_0^{\frac{\pi}{4}}=\frac{\pi}{4}-0=\frac{\pi}{4}$$

$$1+\tan^2\theta=\frac{1}{\cos^2\theta}$$

【問題 4-5：積分法的應用】應用

試求 xy 平面上曲線 $4y^2 = (1-x)^3$ 在 $x \geqq 0$ 部分的長度。

（2001 年日本信州大學）

 解答 $\dfrac{61}{27}$

 解說 曲線 $4y^2 = (1-x)^3$ 上的點 (p, q) 會滿足 $4q^2 = (1-p)^3$。此時，(p, q) 對 x 軸的對稱點 $(p, -q)$ 滿足：

$$4(-q)^2 = 4q^2 = (1-p)^3 \quad \Rightarrow \quad 4(-q)^2 = (1-p)^3$$

這表示 (p, q) 在曲線上時，$(p, -q)$ 也必定落於曲線上，亦即**曲線 $4y^2 = (1-x)^3$ 對稱於 x 軸**（實際上，曲線 $4y^2 = (1-x)^3$ 在 $x \geqq 0$ 的部分如同右圖）。

所以，這題可先求 $y \geqq 0$ 部分的長度，**最後再乘以 2 倍**。

$y \geqq 0$ 且 $0 \leqq x \leqq 1$ 時

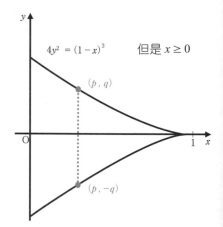

$$4y^2 = (1-x)^3 \quad \Rightarrow \quad y^2 = \frac{(1-x)^3}{4}$$

$$\Rightarrow \quad y = \sqrt{\frac{(1-x)^3}{4}} = \frac{(1-x)^{\frac{3}{2}}}{2}$$

$$\Rightarrow \quad \frac{dy}{dx} = \left\{ \frac{(1-x)^{\frac{3}{2}}}{2} \right\}' = \frac{1}{2} \left\{ (1-x)^{\frac{3}{2}} \right\}' = \frac{1}{2} \cdot \frac{3}{2} (1-x)^{\frac{3}{2}-1} \cdot (-1) = -\frac{3}{4}(1-x)^{\frac{1}{2}}$$

合成函數的微分（87 頁）：外面微分 × 裡面微分

假設欲求的長度為 L，由積分公式（106 頁）可知曲線長度為

$$\frac{L}{2} = \int_0^1 \sqrt{1 + \left(\frac{dy}{dx}\right)^2}\, dx = \int_0^1 \sqrt{1 + \left\{-\frac{3}{4}(1-x)^{\frac{1}{2}}\right\}^2}\, dx$$

$$= \int_0^1 \sqrt{1 + \frac{9}{16}(1-x)}\, dx = \int_0^1 \sqrt{\frac{25}{16} - \frac{9}{16}x}\, dx$$

假設 $\sqrt{\dfrac{25}{16} - \dfrac{9}{16}x} = t$。

$$\sqrt{\frac{25}{16} - \frac{9}{16}x} = t \;\Rightarrow\; \frac{25}{16} - \frac{9}{16}x = t^2 \;\Rightarrow\; \frac{9}{16}x = \frac{25}{16} - t^2 \;\Rightarrow\; x = \frac{25}{9} - \frac{16}{9}t^2$$

兩邊對 t 做微分

$$\frac{d}{dt}x = \frac{d}{dt}\left(\frac{25}{9} - \frac{16}{9}t^2\right) \;\Rightarrow\; \frac{dx}{dt} = -\frac{32}{9}t \;\Rightarrow\; dx = -\frac{32}{9}t\,dt$$

x 和 t 的對應如同右表：

x	$0 \to 1$
t	$\frac{5}{4} \to 1$

$$\frac{L}{2} = \int_0^1 \sqrt{\frac{25}{16} - \frac{9}{16}x}\, dx = \int_{\frac{5}{4}}^1 t \cdot \left(-\frac{32}{9}t\right) dt$$

$$= -\frac{32}{9}\int_{\frac{5}{4}}^1 t^2\, dt$$

$$= -\frac{32}{9}\left[\frac{1}{3}t^3\right]_{\frac{5}{4}}^1 = -\frac{32}{9}\cdot\frac{1}{3}\left\{1^3 - \left(\frac{5}{4}\right)^3\right\}$$

$$= -\frac{32}{27}\left(1 - \frac{125}{64}\right)$$

$$= -\frac{32}{27}\cdot\left(-\frac{61}{64}\right) = \frac{61}{54}$$

$$\Rightarrow \quad L = 2 \times \frac{61}{54} = \frac{61}{27}$$

第 5 章 數列

【問題 5-1：等差數列與等差級數】

已知等差數列 $\{a_n\}$ 的第 6 項為 13、第 15 項為 31，則第 30 項為^甲☐、第^乙☐ 項為 71。另外，首先超過 1000 的是第 ^丙☐ 項。

（2012 年日本國士館大學）

 （甲）61　（乙）35　（丙）500

 （甲）

假設首項為 a_1、公差為 d，則等差數列的一般項（111 頁）為

$$a_n = a_1 + (n-1)d \quad \cdots ①$$

由 $a_6 = 13$、$a_{15} = 31$ 可知

$$\begin{cases} a_6 = a_1 + (6-1)d = 13 \\ a_{15} = a_1 + (15-1)d = 31 \end{cases}$$

$$\Rightarrow \begin{cases} a_1 + 5d = 13 \quad \cdots ② \\ a_1 + 14d = 31 \quad \cdots ③ \end{cases}$$

由③－②可得

$$\begin{array}{r} a_1 + 14d = 31 \\ -)\ a_1 +\ 5d = 13 \\ \hline 9d = 18 \end{array}$$

$$\Rightarrow \quad d = 2$$

代入②得

$$a_1 + 5 \cdot 2 = 13 \quad \Rightarrow \quad a_1 + 10 = 13 \quad \Rightarrow \quad a_1 = 3$$

代入①得

$$a_n = a_1 + (n-1)d = 3 + (n-1)\cdot 2 = 3 + 2n - 2 = \boldsymbol{2n+1}$$
$$\Rightarrow \quad a_{30} = 2\cdot 30 + 1 = 60 + 1 = \boldsymbol{61}$$

因此，**第 30 項為** 61。

（乙）

令 $a_n = 71$，由 $a_n = 2n+1$ 可得

$$2n+1 = 71 \quad \Rightarrow \quad 2n = 70 \quad \Rightarrow \quad n = 35$$

因此，**71 是** 第 35 項。

（丙）

令 $a_n > 1000$，由 $a_n = 2n+1$ 可得

$$2n+1 > 1000 \quad \Rightarrow \quad 2n > 999 \quad \Rightarrow \quad n > \frac{999}{2} = 499.5$$

n 為整數，所以 $n \geqq 500$。因此，**最先超過 1000 的是** 第 500 項。

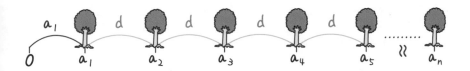

【問題 5-2：等比數列與等比級數】基本

　　試求以年利率 r 複利計算，連續 n 年每年初存入 a 元，第 n 年末本金和利息的存款總額 S（元）數學式。其中，複利計算是，上一年末算入利息的餘額乘上（1＋利率）的方法。

（1998 年日本高知大學）

 解答　$S = \dfrac{a(1+r)\{(1+r)^n - 1\}}{r}$

解說　在「以年利率 r 複利計算」，各年末餘額會是年初餘額的 $(1+r)$ 倍。另外，還要注意每年初會存入新的 a 元。

第1年初：　a
第1年末：　$a(1+r)$ 　　　　　　　　$\Big)\times(1+r)$

單位：〔元〕

第2年初：　$a(1+r) + a$ ← 新存入的款項
第2年末：　$a(1+r)^2 + a(1+r)$ 　　　　$\Big)\times(1+r)$

第3年初：　$a(1+r)^2 + a(1+r)\ + a$ ← 新存入的款項
第3年末：　$a(1+r)^3 + a(1+r)^2\ + a(1+r)$ 　$\Big)\times(1+r)$

$\vdots$

第 n 年初：$a(1+r)^{n-1} + a(1+r)^{n-2} + a(1+r)^{n-3} + \cdots + a(1+r)\ + a$ ← 新存入的款項
第 n 年末：$a(1+r)^n\ \ + a(1+r)^{n-1} + a(1+r)^{n-2} + \cdots + a(1+r)^2 + a(1+r)$ 　$\Big)\times(1+r)$

　　因此，假設第 n 年末的餘額為 S，

$$S = a(1+r) + a(1+r)^2 + \cdots + a(1+r)^{n-2} + a(1+r)^{n-1} + a(1+r)^n$$

S 是首項為 $a(1+r)$、公比為 $(1+r)$、項數為 n 的等比級數（114 頁），所以

$$S = \frac{a(1+r)\{1 - (1+r)^n\}}{1 - (1+r)}$$

$$= \frac{a(1+r)\{1 - (1+r)^n\}}{-r}$$

$$= \frac{a(1+r)\{(1+r)^n - 1\}}{r}$$

等比級數的公式為……
$\dfrac{首項(1 - 公比^{項數})}{1 - 公比}$

房貸的償還次數

以下來計算房貸的償還次數。下方計算是假設。

貸款金額：A 元、每月償還金額：p 元、每月利息（複利率）：r

注意利息是以複利計算，則

1 個月後的餘額：$A(1+r)-p$ 元

2 個月後的餘額：$\{A(1+r)-p\}(1+r)-p=A(1+r)^2-p(1+r)-p$ 元

3 個月後的餘額：$\{A(1+r)^2-p(1+r)-p\}(1+r)-p=A(1+r)^3-p(1+r)^2-p(1+r)-p$ 元

反覆計算後，n 個月後的餘額會是

$$A(1+r)^n-p(1+r)^{n-1}-p(1+r)^{n-2}-\cdots\cdots-p(1+r)-p$$
$$=A(1+r)^n-\{p+p(1+r)+\cdots\cdots+p(1+r)^{n-2}+p(1+r)^{n-1}\}$$
$$=A(1+r)^n-p\frac{1-(1+r)^n}{1-(1+r)}=A(1+r)^n-p\frac{(1+r)^n-1}{r}\ \text{元}$$

> 等比級數
> 的公式

餘額為 0 元時表示還貸完成，所以

$$A(1+r)^n-p\frac{(1+r)^n-1}{r}=0$$
$$\Rightarrow rA(1+r)^n-p(1+r)^n+p=0$$
$$\Rightarrow (rA-p)(1+r)^n=-p$$
$$\Rightarrow (1+r)^n=\frac{-p}{rA-p}=\frac{p}{p-rA}$$
$$\Rightarrow n\log(1+r)=\log\frac{p}{p-rA}$$
$$\Rightarrow n=\frac{\log\dfrac{p}{p-rA}}{\log(1+r)}\quad 次\cdots(\ast)$$

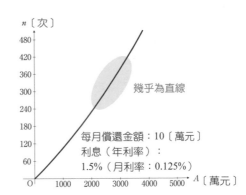

幾乎為直線

每月償還金額：10〔萬元〕
利息（年利率）：
1.5%（月利率：0.125%）

右上圖是假設利息（年利率）為 1.5 ％（月利率為 0.125 ％）、每月償還金額為 10 萬元，將 n（償還次數）視為 A（貸款金額）的函數。

該圖形的特徵是，貸款金額在 3000 萬元左右時，曲線會幾乎近似直線。這表示貸款（餘額）剩 3000 萬左右時，若提前償還數百萬元，提前償還金額（＝減少的貸款金額）和減少的償還次數幾乎成正比。（＊）式可用工程計算機、Excel 計算，有興趣的讀者務必試算看看。

已知首項 $a_1 = -35$ 數列 $\{a_n\}$ 的階差數列為 $\{b_n\}$。換言之，

$$b_n = a_{n+1} - a_n \ (n = 1, 2, 3, \cdots\cdots)$$

若 $\{b_n\}$ 為等差數列且首現 $b_1 = -19$、公差為 4，回答下述問題。

1 試以自然數 n 表示 b_n。

2 試以自然數 n 表示 a_n。

3 試求數列 $\{a_n\}$ 首項到第 24 項的和。

（2012 年日本岩手大學）

 1 $b_n = 4n - 23$ **2** $a_n = 2n^2 - 25n - 12$ **3** 2012

1 假設首項為 b_1、公差為 d，則**等差數列 $\{b_n\}$ 的一般項**（111 頁）為

$b_n = b_1 + (n-1)d$

$b_1 = -19$、$d = 4$ 時，

$b_n = -19 + (n-1) \cdot 4 = -19 + 4n - 4 = 4n - 23$

2 $\{b_n\}$ 是 $\{a_n\}$ 的階差數列（121 頁）。$n \geqq 2$ 時，

$$a_n = a_1 + \sum_{k=1}^{n-1} b_k$$

$$= -35 + \sum_{k=1}^{n-1} (4k - 23)$$

$$= -35 + 4\sum_{k=1}^{n-1} k - \sum_{k=1}^{n-1} 23$$

$$= -35 + 4 \cdot \frac{(n-1)\{(n-1)+1\}}{2} - 23(n-1)$$

$$= -35 + 2(n-1)n - 23(n-1)$$

$$= -35 + 2n^2 - 2n - 23n + 23 = 2n^2 - 25n - 12 \quad \cdots①$$

$$\sum_{k=1}^{n} (pa_k + qb_k) = p\sum_{k=1}^{n} a_k + q\sum_{k=1}^{n} b_k$$

$$\sum_{k=1}^{n} k = \frac{n(n+1)}{2} \qquad \sum_{k=1}^{n} c = nc$$

將 $n-1$ 代入公式中的 n。

將 $n=1$ 代入①式

$$2 \cdot 1^2 - 25 \cdot 1 - 12 = 2 - 25 - 12 = -35$$

跟 $a_1 = -35$ 一致。

所以，①式在 $n=1$ 時也成立。

因此

$$a_n = 2n^2 - 25n - 12$$

3 假設欲求的和為 S。

①式是假定 $n \geqq 2$ 導出的數學式，所以 $n=1$ 時需要另外確認。

$$S = a_1 + a_2 + a_3 + \cdots + a_{24} = \sum_{k=1}^{24} a_k$$

$$= \sum_{k=1}^{24} (2k^2 - 25k - 12)$$

$$\sum_{k=1}^{n} k^2 = \frac{n(n+1)(2n+1)}{6}$$

$$= 2\sum_{k=1}^{24} k^2 - 25\sum_{k=1}^{24} k - \sum_{k=1}^{24} 12$$

這次是將 24 代入 n！

$$= 2 \cdot \frac{24(24+1)(2 \cdot 24+1)}{6} - 25\frac{24(24+1)}{2} - 12 \cdot 24$$

$$= 8 \cdot 25 \cdot 49 - 25 \cdot 12 \cdot 25 - 12 \cdot 24$$

$$= 4 \cdot 25(2 \cdot 49 - 3 \cdot 25) - 12 \cdot 24$$

$$= 100(98 - 75) - 12 \cdot 24$$

$$= 100 \cdot 23 - 12 \cdot 24 = 2300 - 288 = \mathbf{2012}$$

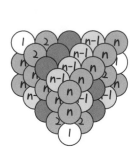

【問題 5-4：遞迴關係式】 應用

已知 n 為自然數，數列 $\{a_n\}$ 滿足 $a_1 = 5$，$a_{n+1} = \dfrac{25}{a_n^2}$。此時，

1 $a_3 = ^{甲}\boxed{}$、$a_4 = \dfrac{^{乙}\boxed{}}{^{丙}\boxed{}}$。

2 假設 $b_n = \log_5 a_n$，則數列 $\{b_n\}$ 的一般項會是

$$b_n = \frac{(^{丁}\boxed{})^{n-1}}{^{戊}\boxed{}} + \frac{^{己}\boxed{}}{^{庚}\boxed{}}$$

（2014 年日本慶應義塾大學）

解答 1（甲）25　（乙）1　（丙）25
2（丁）－2　（戊）3　（己）2　（庚）3

解說

1 $a_{n+1} = \dfrac{25}{a_n^2}$ 的 n 依序代入 1、2、3。

由 $a_1 = 5$ 可得

$$a_2 = \frac{25}{a_1^2} = \frac{25}{5^2} = 1,\quad a_3 = \frac{25}{a_2^2} = \frac{25}{1^2} = \mathbf{25},\quad a_4 = \frac{25}{a_3^2} = \frac{25}{25^2} = \frac{1}{25}$$

2 $a_{n+1} = \dfrac{25}{a_n^2}$ 的兩邊**取底數為 5 的對數**。

$$\begin{aligned}
\log_5 a_{n+1} &= \log_5 \frac{25}{a_n^2}\\
&= \log_5 5^2 - \log_5 a_n^2\\
&= 2\log_5 5 - 2\log_5 a_n = 2\cdot 1 - 2\log_5 a_n
\end{aligned}$$

$\Rightarrow \quad \boldsymbol{\log_5 a_{n+1} = 2 - 2\log_5 a_n}$

令 $\log_5 a_n = b_n$，則

$$b_{n+1} = 2 - 2b_n$$

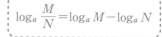

$$\log_a \frac{M}{N} = \log_a M - \log_a N$$

$$\log_a M^r = r\log_a M$$
$$\log_a a = 1$$

就是 123 頁的解法（iv）！

$$b_{n+1}=2-2b_n$$
$$-\,)\quad \alpha=2-2\alpha \quad (\text{特徵方程式})$$
$$b_{n+1}-\alpha=-2(b_n-\alpha) \cdots ①$$

解特徵方程式（124 頁）可得

$$\alpha=2-2\alpha \quad \Rightarrow \quad 3\alpha=2 \quad \Rightarrow \quad \alpha=\frac{2}{3}$$

代入①得

$$b_{n+1}-\alpha=-2(b_n-\alpha) \quad \Rightarrow \quad \boldsymbol{b_{n+1}}-\frac{2}{3}=-2\left(\boldsymbol{b_n}-\frac{2}{3}\right)$$

數列 $\left\{b_n-\dfrac{2}{3}\right\}$ 是首項為 $b_1-\dfrac{2}{3}$、公比為 -2 的 **等比數列**（113 頁）。

$$\Rightarrow \quad b_n-\frac{2}{3}=\left(b_1-\frac{2}{3}\right)\cdot(-2)^{n-1}$$

> 首項 a_1、公比 r 的等比數列
> $$a_n=a_1 r^{n-1}$$

將 $b_1=\log_5 a_1=\log_5 5=1$ 代入，得

$$\Rightarrow \quad b_n-\frac{2}{3}=\left(1-\frac{2}{3}\right)\cdot(-2)^{n-1}=\frac{(-2)^{n-1}}{3}$$

$$\Rightarrow \quad b_n=\frac{(-2)^{n-1}}{3}+\frac{2}{3}$$

【問題 5-5：數學歸納法】

數列 $\{p_n\}$ 如下定義：

$$p_1=1,\ p_2=2,\ p_{n+2}=\frac{p_{n+1}{}^2+1}{p_n}\ (n=1,2,3,\cdots\cdots)$$

1 試證 $\dfrac{p_{n+1}{}^2+p_n^2+1}{p_{n+1}p_n}$ 不受 n 影響。

2 對於所有 $n=2,3,4,\cdots\cdots$，僅用 p_n 表示 $p_{n+1}+p_{n-1}$。

3 數列 $\{q_n\}$ 如下定義：

$$q_1=1,\ q_2=1,\ q_{n+2}=q_{n+1}+q_n \quad (n=1,2,3,\cdots\cdots)$$

試證對於所有 $n=1,2,3,\cdots\cdots$，$p_n=q_{2n-1}$ 成立。

（2015 年日本東京大學）

(解答) **1** 略（參見解說） **2** $p_{n+1}+p_{n-1}=3p_n$ **3** 略（參見解說）

(解説)

1 令 $a_n=\dfrac{p_{n+1}{}^2+p_n{}^2+1}{p_{n+1}p_n}$ ，證明 $a_{n+1}=a_n$ 。

$$a_{n+1}=\frac{p_{n+2}{}^2+p_{n+1}{}^2+1}{p_{n+2}p_{n+1}}=\frac{\left(\dfrac{p_{n+1}{}^2+1}{p_n}\right)^2+p_{n+1}{}^2+1}{\dfrac{p_{n+1}{}^2+1}{p_n}p_{n+1}}$$

$$=\frac{(p_{n+1}{}^2+1)\left\{\dfrac{(p_{n+1}{}^2+1)}{p_n{}^2}+1\right\}}{(p_{n+1}{}^2+1)\dfrac{p_{n+1}}{p_n}}$$

$$=\frac{\dfrac{(p_{n+1}{}^2+1)}{p_n{}^2}+1}{\dfrac{p_{n+1}}{p_n}}=\frac{\dfrac{(p_{n+1}{}^2+1)}{p_n{}^2}+1}{\dfrac{p_{n+1}}{p_n}}\times\frac{p_n{}^2}{p_n{}^2}$$

$$=\frac{(p_{n+1}{}^2+1)+p_n{}^2}{p_{n+1}p_n}=\frac{p_{n+1}{}^2+p_n{}^2+1}{p_{n+1}p_n}=a_n$$

由 $a_{n+1}=a_n$ 可知

$a_n=a_2=a_3=\ldots a_n$

換言之，$a_n=\dfrac{p_{n+1}^2+p_n^2+1}{p_{n+1}p_n}$ 是不受 n 影響的固定值。

（證畢）

2 以下令 $n \geqq 2$。由 $p_1=1$、$p_2=2$ 可得

$$a_1=\frac{p_2^2+p_1^2+1}{p_2p_1}=\frac{2^2+1^2+1}{2\cdot1}=\frac{6}{2}=3$$

由 **1**、$a_n=a_1$ 可知

$$a_n=3 \Rightarrow \frac{p_{n+1}^2+p_n^2+1}{p_{n+1}p_n}=3 \cdots ①$$

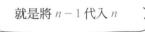 就是將 $n-1$ 代入 n

另外，由 $p_{n+2}=\dfrac{p_{n+1}^2+1}{p_n}$ 可知

$$p_{n+1}=\frac{p_n^2+1}{p_{n-1}} \Rightarrow p_n^2+1=p_{n-1}p_{n+1}$$

代入①得

$$\frac{p_{n+1}^2+p_{n-1}p_{n+1}}{p_{n+1}p_n}=3 \Rightarrow \frac{\cancel{p_{n+1}}(p_{n+1}+p_{n-1})}{\cancel{p_{n+1}}p_n}=3 \Rightarrow \frac{p_{n+1}+p_{n-1}}{p_n}=3$$
$$\Rightarrow p_{n+1}+p_{n-1}=3p_n$$

3 使用數學歸納法（127 頁）證明 $p_n=q_{2n-1}\ldots\ldots②$。

（i）$n=1$ 時

由 $p_1=1$、$q_{2\cdot1-1}=q_1=1$ 可知②成立。

$n=2$ 時，

由 $p_2=2$、$q_{2\cdot2-1}=q_3=q_2+q_1=1+1=2$ 可知②成立。

（ii）**假設 $n=k$、$n=k+1$ 時②成立，**

$$p_k = q_{2k-1}、\quad p_{k+1} = q_{2k+1} \cdots ③$$

$$q_{2(k+1)-1} = q_{2k+1}$$

使用③證明 $n=k+2$ 時②成立。

由 **2** 可知

$$p_{k+1} + p_{k-1} = 3p_k \quad \Rightarrow \quad p_{k+2} + p_k = 3p_{k+1}$$
$$\Rightarrow \quad p_{k+2} = 3p_{k+1} - p_k$$

代入③得

$$p_{k+2} = 3q_{2k+1} - q_{2k-1} \quad \cdots ④$$

因為 $q_{2(k+2)-1} = q_{2k+3}$，所以是要證明 $p_{k+2} = q_{2k+3}$ 啊。

另一方面，由 $q_{n+2} = q_{n+1} + q_n$ 可知

$$q_{2k+1} = q_{2k} + q_{2k-1} \quad \Rightarrow \quad q_{2k} = q_{2k+1} - q_{2k-1} \quad \cdots ⑤$$

$$q_{2k+2} = q_{2k+1} + q_{2k} \quad \cdots ⑥$$

$$q_{2k+3} = q_{2k+2} + q_{2k+1} \quad \cdots ⑦$$

因為④沒有 q_{2k+2} 和 q_{2k}，所以消去這些！

將⑥代入⑦

$$q_{2k+3} = q_{2k+1} + q_{2k} + q_{2k+1} = 2q_{2k+1} + q_{2k} \cdots ⑧$$

再將⑤代入⑧

$$q_{2k+3} = 2q_{2k+1} + q_{2k+1} - q_{2k-1} = 3q_{2k+1} - q_{2k-1} \quad \cdots ⑨$$

由④、⑨可得 $p_{k+2} = q_{2k+3}$。因此，$n=k+2$ 時②也成立。

由（i）、（ii）可知，**對於所有自然數 n，$p_n = q_{2n-1}$** 成立。

（證畢）

如同本題，數學歸納法有時會碰到不只假設前一項成立，而要假設到前兩項的情況。此時，一開始必須證明 $n=1$ 和 $n=2$ 時成立。

226

Pierre de Fermat（1601–1665）

費馬與無窮遞減法

「**n 為 3 以上的整數時，滿足 $x^n + y^n = z^n$ 的自然數 (x, y, z) 不存在**」，費馬最後定理應該是數學史上結論簡單明瞭，但極其難以證明的代表例子吧。

留下此定理的「數論（處理整數的數學）之父」**皮埃爾・德・費馬（1601 － 1665）**，提出名為**無窮遞減法（inifinite descent）**的證明方法，並將其稱為「我的方法」頻繁使用。

無窮遞減法是數學歸納法的一種，通常會搭配反證法使用。在證明滿足條件 P 的自然數不存在時，一般會展開「**假設滿足 P 的最小自然數存在，但卻能反覆導出比該數還要小的自然數，與假設矛盾。**」

以下用無窮遞減法來證明 $\sqrt{2}$ 為無理數吧。

【證明】

假設 $\sqrt{2}$ 為有理數。換言之，存在自然數 m_0、n_0 滿足

$$\sqrt{2} = \frac{m_0}{n_0} \quad \Rightarrow \quad m_0{}^2 = 2n_0{}^2 \quad \cdots ①$$

由①可知 $m_0{}^2$ 為 2 的倍數，所以 m_0 也為 2 的倍數[1]。因此，$m_0 = 2m_1$（m_1 為自然數），代入①得

$$2^2 m_1{}^2 = 2n_0{}^2 \quad \Rightarrow \quad n_0{}^2 = 2m_1{}^2 \quad \cdots ②$$

同理，由②可知 n_0 也為 2 的倍數，所以 $n_0 = 2n_1$（n_1 為自然數），代入②得

$$2^2 n_1{}^2 = 2m_1{}^2 \quad \Rightarrow \quad m_1{}^2 = 2n_1{}^2 \quad \cdots ③$$

若③是自然數 (m_0, n_0) 的方程式 $x^2 = 2y^2$ 的解，則 $(m_1, n_1) = \left(\dfrac{m_0}{2}, \dfrac{n_0}{2} \right)$ 也會是滿足此方程式的自然數解。因為**同樣的操作能反覆多次**，對於整數 k，$(m_k, n_k) = \left(\dfrac{m_0}{2^k}, \dfrac{n_0}{2^k} \right)$ 也會是滿足方程式 $x^2 = 2y^2$ 的自然數解，但 k 趨近無限大時，(m_k, n_k) 會趨近 $(0, 0)$，與假設矛盾。因此，$\sqrt{2}$ 為無理數。（證畢）

---

[1] 嚴格來講，這部分也需要證明。僅需證明逆反命題「若 m_0 不為 2 的倍數，則 $m_0{}^2$ 也不為 2 的倍數」。

【問題 6-1：向量的加法與減法】基本

在平行四邊形 ABCD 中，已知對角線 $\overline{AC}$ 的 3：1 內分點為 P、邊 $\overline{BC}$ 的 3：2 內分點為 Q。

❶ 試以 $\overrightarrow{AB}$ 和 $\overrightarrow{AD}$ 標示向量 $\overrightarrow{AC}$。

❷ 試以 $\overrightarrow{AB}$ 和 $\overrightarrow{AD}$ 標示向量 $\overrightarrow{DP}$。

❸ 試以 $\overrightarrow{AB}$ 和 $\overrightarrow{AD}$ 標示向量 $\overrightarrow{DQ}$。

（2009 年日本大阪工業大學）

解答 ❶ $\overrightarrow{AC} = \overrightarrow{AB} + \overrightarrow{AD}$　❷ $\overrightarrow{DP} = \frac{3}{4}\overrightarrow{AB} - \frac{1}{4}\overrightarrow{AD}$　❸ $\overrightarrow{DQ} = \overrightarrow{AB} - \frac{2}{5}\overrightarrow{AD}$

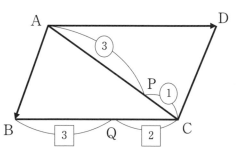

1 如同向量的加法（132 頁）所學。

$$\overrightarrow{AC} = \overrightarrow{AB} + \overrightarrow{AD}$$

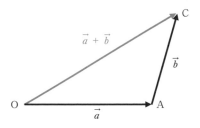

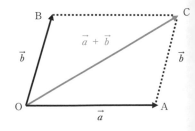

2 使用起點的變換公式（133 頁），將 $\overrightarrow{DP}$ 的起點換成 A。

$$\overrightarrow{DP} = \overrightarrow{AP} - \overrightarrow{AD}$$

$$= \frac{3}{4}\overrightarrow{AC} - \overrightarrow{AD}$$

$$= \frac{3}{4}(\overrightarrow{AB} + \overrightarrow{AD}) - \overrightarrow{AD}$$

$$= \frac{3}{4}\overrightarrow{AB} + \frac{3}{4}\overrightarrow{AD} - \overrightarrow{AD} = \frac{3}{4}\overrightarrow{AB} - \frac{1}{4}\overrightarrow{AD}$$

$\boxed{\overrightarrow{AB} = \overrightarrow{XB} - \overrightarrow{XA}}$

3 同樣使用**起點的變換公式**（133 頁），將 $\overrightarrow{DQ}$ 的起點換成 A。

$$\overrightarrow{DQ} = \overrightarrow{AQ} - \overrightarrow{AD} \quad \cdots ①$$

$\overrightarrow{AQ}$ 變形成

$$\overrightarrow{AQ} = \overrightarrow{AB} + \overrightarrow{BQ} = \overrightarrow{AB} + \frac{3}{5}\overrightarrow{BC}$$

> $\overrightarrow{BC} = \overrightarrow{AD}$ 使用了向量的相等
> （131 頁）。

$$= \overrightarrow{AB} + \frac{3}{5}\overrightarrow{AD} \quad \cdots ②$$

將②代入①得

$$\overrightarrow{DQ} = \overrightarrow{AB} + \frac{3}{5}\overrightarrow{AD} - \overrightarrow{AD} = \overrightarrow{AB} - \frac{2}{5}\overrightarrow{AD}$$

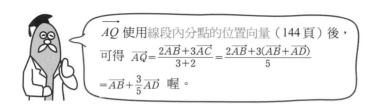

> $\overrightarrow{AQ}$ 使用線段內分點的位置向量（144 頁）後，
> 可得 $\overrightarrow{AQ} = \dfrac{2\overrightarrow{AB} + 3\overrightarrow{AC}}{3+2} = \dfrac{2\overrightarrow{AB} + 3(\overrightarrow{AB} + \overrightarrow{AD})}{5}$
> $= \overrightarrow{AB} + \dfrac{3}{5}\overrightarrow{AD}$ 喔。

【問題 6-2：向量的內積與外積】

在 $\triangle ABC$ 中，$\angle BAC = 90°$、$|\overrightarrow{AB}| = 1$、$|\overrightarrow{AC}| = \sqrt{3}$。已知 $\triangle ABC$ 內部的

點 P 滿足 $\dfrac{\overrightarrow{PA}}{|\overrightarrow{PA}|} + \dfrac{\overrightarrow{PB}}{|\overrightarrow{PB}|} + \dfrac{\overrightarrow{PC}}{|\overrightarrow{PC}|} = \vec{0}$。

1 試求 $\angle APB$、$\angle APC$。

2 試求 $|\overrightarrow{PA}|$、$|\overrightarrow{PB}|$、$|\overrightarrow{PC}|$。

（2013 年日本東京大學）

解答 1 $\angle APB = 120°$、$\angle APC = 120°$

2 $|\overrightarrow{PA}| = \dfrac{1}{\sqrt{7}}$、$|\overrightarrow{PB}| = \dfrac{2}{\sqrt{7}}$、$|\overrightarrow{PA}| = \dfrac{4}{\sqrt{7}}$

解説 1

$$\dfrac{\overrightarrow{PA}}{|\overrightarrow{PA}|} + \dfrac{\overrightarrow{PB}}{|\overrightarrow{PB}|} + \dfrac{\overrightarrow{PC}}{|\overrightarrow{PC}|} = \vec{0}$$

$$\Rightarrow \quad \dfrac{\overrightarrow{PC}}{|\overrightarrow{PC}|} = -\left(\dfrac{\overrightarrow{PA}}{|\overrightarrow{PA}|} + \dfrac{\overrightarrow{PB}}{|\overrightarrow{PB}|} \right) \quad \cdots ①$$

由①可知

$\left| -\vec{a} \right| = \left| \vec{a} \right|$

$$\left| \dfrac{\overrightarrow{PC}}{|\overrightarrow{PC}|} \right| = \left| \dfrac{\overrightarrow{PA}}{|\overrightarrow{PA}|} + \dfrac{\overrightarrow{PB}}{|\overrightarrow{PB}|} \right|$$

兩邊各自乘

$$\left| \dfrac{\overrightarrow{PC}}{|\overrightarrow{PC}|} \right|^2 = \left| \dfrac{\overrightarrow{PA}}{|\overrightarrow{PA}|} + \dfrac{\overrightarrow{PB}}{|\overrightarrow{PB}|} \right|^2$$

$$\Rightarrow \quad \dfrac{\overrightarrow{PC}}{|\overrightarrow{PC}|} \cdot \dfrac{\overrightarrow{PC}}{|\overrightarrow{PC}|} = \left(\dfrac{\overrightarrow{PA}}{|\overrightarrow{PA}|} + \dfrac{\overrightarrow{PB}}{|\overrightarrow{PB}|} \right) \cdot \left(\dfrac{\overrightarrow{PA}}{|\overrightarrow{PA}|} + \dfrac{\overrightarrow{PB}}{|\overrightarrow{PB}|} \right)$$

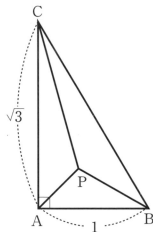

由內積性質（140 頁）可知
$$\left| \vec{a} \right|^2 = \vec{a} \cdot \vec{a}$$

$$\Rightarrow \quad \frac{\left|\overrightarrow{PC}\right|^2}{\left|\overrightarrow{PC}\right|^2} = \frac{\overrightarrow{PA}}{\left|\overrightarrow{PA}\right|} \cdot \frac{\overrightarrow{PA}}{\left|\overrightarrow{PA}\right|} + 2\frac{\overrightarrow{PA}}{\left|\overrightarrow{PA}\right|} \cdot \frac{\overrightarrow{PB}}{\left|\overrightarrow{PB}\right|} + \frac{\overrightarrow{PB}}{\left|\overrightarrow{PB}\right|} \cdot \frac{\overrightarrow{PB}}{\left|\overrightarrow{PB}\right|}$$

$$= \frac{\left|\overrightarrow{PA}\right|^2}{\left|\overrightarrow{PA}\right|^2} + 2\frac{\overrightarrow{PA}}{\left|\overrightarrow{PA}\right|} \cdot \frac{\overrightarrow{PB}}{\left|\overrightarrow{PB}\right|} + \frac{\left|\overrightarrow{PB}\right|^2}{\left|\overrightarrow{PB}\right|^2}$$

$$\Rightarrow \quad 1 = 1 + 2\frac{\overrightarrow{PA}}{\left|\overrightarrow{PA}\right|} \cdot \frac{\overrightarrow{PB}}{\left|\overrightarrow{PB}\right|} + 1$$

$$\Rightarrow \quad \frac{\overrightarrow{PA}}{\left|\overrightarrow{PA}\right|} \cdot \frac{\overrightarrow{PB}}{\left|\overrightarrow{PB}\right|} = -\frac{1}{2}$$

因為 $\angle$APB 是 $\overrightarrow{PA}$ 和 $\overrightarrow{PB}$ 的銳夾角,以 $\overrightarrow{PA}$ 和 $\overrightarrow{PB}$ 的內積 $\overrightarrow{PA} \cdot \overrightarrow{PB}$ 來求角度。

由內積在圖形上的意義(138 頁)可知

$$\overrightarrow{PA} \cdot \overrightarrow{PB} = \left|\overrightarrow{PA}\right|\left|\overrightarrow{PB}\right| \cos \angle \mathbf{APB} \Rightarrow \cos \angle \mathrm{APB} = \frac{\overrightarrow{PA}}{\left|\overrightarrow{PA}\right|} \cdot \frac{\overrightarrow{PB}}{\left|\overrightarrow{PB}\right|} = -\frac{1}{2}$$

因此,$\angle \mathrm{APB} = 120°$

接著,將①的移項成

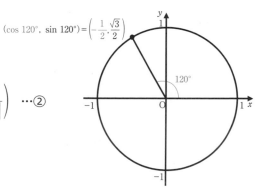

$(\cos 120°, \ \sin 120°) = \left(-\dfrac{1}{2}, \dfrac{\sqrt{3}}{2}\right)$

$$\frac{\overrightarrow{PA}}{\left|\overrightarrow{PA}\right|} + \frac{\overrightarrow{PB}}{\left|\overrightarrow{PB}\right|} + \frac{\overrightarrow{PC}}{\left|\overrightarrow{PC}\right|} = \vec{0}$$

$$\Rightarrow \quad \frac{\overrightarrow{PB}}{\left|\overrightarrow{PB}\right|} = -\left(\frac{\overrightarrow{PA}}{\left|\overrightarrow{PA}\right|} + \frac{\overrightarrow{PC}}{\left|\overrightarrow{PC}\right|}\right) \quad \cdots ②$$

同樣會得到[5]

$$\frac{\overrightarrow{PA}}{\left|\overrightarrow{PA}\right|} \cdot \frac{\overrightarrow{PC}}{\left|\overrightarrow{PC}\right|} = -\frac{1}{2}$$

由 $\overrightarrow{PA} \cdot \overrightarrow{PC} = \left|\overrightarrow{PA}\right|\left|\overrightarrow{PC}\right| \cos \angle \mathrm{APC}$ 可知

$$\cos \angle \mathrm{APC} = \frac{\overrightarrow{PA}}{\left|\overrightarrow{PA}\right|} \cdot \frac{\overrightarrow{PC}}{\left|\overrightarrow{PC}\right|} = -\frac{1}{2} \quad \Rightarrow \quad \angle \mathbf{APC} = \mathbf{120°}$$

---

[5] 僅是將前半部計算的 B 換成 C 而已。

2

由 ∠APB = ∠APC = 120°可知

∠BPC＝360°−(∠APB＋∠APC)＝360°−(120°＋120°)＝120°

⇒ **∠BPC＝∠APB** ⋯②

由△PBC 中∠BPC = 120°可知

∠PCB＋∠PBC＝60° ⋯③

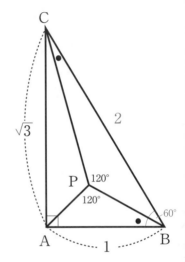

另外，△ABC 直角兩邊的長度比為 $1：\sqrt{3}$，所以∠ABC = 60°。

因此，∠PBA＋∠PBC＝60° ⋯④

由③、④可知

∠PCB＝∠PBA ⋯⑤

由②、⑤可知△PBC 和△PAB 有兩角相等，所以 **△PBC∽△PAB**。

因此， PA：PB＝AB：BC＝1：2 ⋯⑥

同理， PB：PC＝AB：BC＝1：2 ⋯⑦

由⑥、⑦可知 $\overline{PA}：\overline{PB}：\overline{PC}= 1：2：4$，假設 $\overline{PA}=x$，則 $\overline{PB}=2x$、$\overline{PC}=4x$。

關於△PAB，使用**餘弦定理**（139 頁）得

$$AB^2＝PA^2＋PB^2−2PA·PB\cos 120°$$

$$⇒ 1^2=x^2+(2x)^2-2·x·2x·\left(-\frac{1}{2}\right)$$

$$⇒ 1=x^2+4x^2+2x^2 ⇒ 1=7x^2 ⇒ x>0 ，所以 \boldsymbol{x=\frac{1}{\sqrt{7}}}$$

因此，$\mathbf{PA}=x=\dfrac{1}{\sqrt{7}}$、$\mathbf{PB}=2x=\dfrac{2}{\sqrt{7}}$、$\mathbf{PC}=4x=\dfrac{4}{\sqrt{7}}$

增強解題能力的學習方法

本書的練習題收錄了一些東京大學、京都大學的入學考試問題。以入學測驗來說，屬於難易度最高，僅有少數一部分的應考生能夠解開這些題目。那些學生具有特別的才能嗎？我並不這麼認為。

入學考試都有答案，遇到這類問題時，**無論題目多麼困難，都只是基本問題的組合而已**。將題目拆解成幾個基本問題，再分別驗算，最後就能解出答案。

將難題拆解成基本問題，就像是在人群中找出熟識同學。當然，若看得到同學的正面臉孔，就一點也不難。但大部分情況是，在熙來攘往的人群中，頂多只能撇見後腦勺、耳朵的殘影。此時，能夠說出「他在那裡！」肯定是打從出生那一刻起就非常熟識該名同學的人。

能夠解開數學難題的人也是如此，他們非常熟悉基本觀念。下面介紹三個達到這個境界的步驟：

（1）**完整記住各用語的定義。**
（2）**定理、公式熟練到能夠自己證明。**
（3）**徹底演練基本問題。**

學習數學時，首先要做的事是，一字一句完整記住新概念中出現的用語定義。如果記憶很模糊，後面的學習將會全部白費。

接著，定理、公式的證明一定要能自己推導。僅是死記硬背公式、定理，會不曉得該用在哪裡，沒有什麼幫助。只有達到在時間充裕的情況下，**即便不曉得定理、公式，也能夠推導（從頭證明它們）的境界時，才能夠在正確的情況下使用正確的公式、定理。**

最後是徹底演練基本問題。這邊所說的基本問題，是教科書程度的問題。當然，這邊也**不可硬背解法**。每個解法肯定都有其理由，不斷思考探索直到領悟為止吧。努力堅持這樣的學習方法後，不久你應該也會覺得別人口中的「難題」並不困難。

【問題 6-3：位置向量】基本

　　已知 △OAB 中，邊 $\overrightarrow{OA}$ 的 3：2 內分點為 P、邊 $\overrightarrow{OB}$ 的 3：1 內分點為 Q、線段 $\overline{AQ}$ 和線段 $\overline{BP}$ 的交點為 R，則

$$\overrightarrow{OR} = ^{甲}\boxed{}\overrightarrow{OA} + ^{乙}\boxed{}\overrightarrow{OB}$$

（2008 年日本東京理科大學）

解答　（甲）$\dfrac{3}{11}$　（乙）$\dfrac{6}{11}$

解說

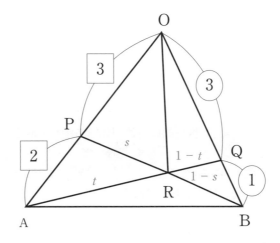

假設 $\overline{AQ}$ 和 $\overline{BP}$ 交點 R 將 $\overline{PB}$ 內分為 $s：1-s$、$\overline{AQ}$ 內分為 $t：1-t$。

不能「假設內分為 $m：n$」嗎？

可以喔，但假設為 $s：1-s$ 會比較好計算。

由線段內分點的位置向量（144頁）公式，

R 將 $\overrightarrow{PB}$ 內分為 $s:1-s$，所以

$$\overrightarrow{OR}=\frac{(1-s)\overrightarrow{OP}+s\overrightarrow{OB}}{s+(1-s)}=(1-s)\overrightarrow{OP}+s\overrightarrow{OB}=(1-s)\cdot\frac{3}{5}\overrightarrow{OA}+s\overrightarrow{OB} \quad\cdots①$$

又 R 將 $\overrightarrow{AQ}$ 內分為 $t:1-t$，所以

$$\overrightarrow{OR}=\frac{(1-t)\overrightarrow{OA}+t\overrightarrow{OQ}}{t+(1-t)}=(1-t)\overrightarrow{OA}+t\overrightarrow{OQ}=(1-t)\overrightarrow{OA}+t\cdot\frac{3}{4}\overrightarrow{OB} \quad\cdots②$$

如同**向量的分解**（135頁）所學，**平面上任意向量可表為兩互不平行非零向量的組合。**

$\overrightarrow{OA}$ 和 $\overrightarrow{OB}$ 為互不平行的非零向量，由①、②可知

$$\begin{cases}(1-s)\cdot\dfrac{3}{5}=1-t\\[2mm] s=t\cdot\dfrac{3}{4}\end{cases}\Rightarrow\begin{cases}\dfrac{3}{5}-\dfrac{3}{5}s=1-t \quad\cdots③\\[2mm] s=\dfrac{3}{4}t \quad\cdots④\end{cases}$$

將④代入③得

$$\frac{3}{5}-\frac{3}{5}\cdot\frac{3}{4}t=1-t \Rightarrow \frac{3}{5}-\frac{9}{20}t=1-t \Rightarrow \frac{11}{20}t=\frac{2}{5}$$
$$\Rightarrow t=\frac{2}{5}\cdot\frac{20}{11}=\frac{8}{11}$$

代入②得

$$\overrightarrow{OR}=\left(1-\frac{8}{11}\right)\overrightarrow{OA}+\frac{8}{11}\cdot\frac{3}{4}\overrightarrow{OB}$$

$$\Rightarrow \overrightarrow{OR}=\frac{3}{11}\overrightarrow{OA}+\frac{6}{11}\overrightarrow{OB}$$

【問題 6-4：向量方程式】 應用

試證 xy 平面上，點 (x_0, y_0) 與 $ax + by + c = 0$ 的距離為 $\dfrac{|ax_0 + by_0 + c|}{\sqrt{a^2 + b^2}}$ 。

（2013 年日本大阪大學）

解答 略（參見解說）

解說 《準備》

由直線的向量方程式（其三）（148 頁）可知，通過點 $A(\vec{a})$、垂直於非零向量 $\vec{n}$ 的點 $P(\vec{p})$ 向量方程式為

$$\vec{n} \cdot (\vec{p} - \vec{a}) = 0$$

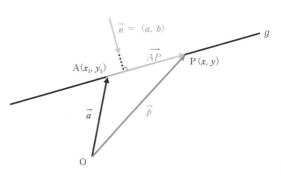

假設 $\vec{p} = (x, y)$、$\vec{a} = (x_1, y_1)$、$\vec{n} = (a, b)$ ，則

$$\vec{n} \cdot (\vec{p} - \vec{a}) = 0 \quad \Rightarrow \quad (a, b) \cdot (x - x_1, y - y_1) = 0$$

$$\Rightarrow \quad a(x - x_1) + b(y - y_1) = 0$$

$$\Rightarrow \quad ax + by + (-ax_1 - by_1) = 0$$

> $\vec{a} = (x_a, y_a) \ \vec{b} = (x_b, y_b)$ 時
> $\vec{a} \cdot \vec{b} = x_a x_b + y_a y_b$

令 $c = -ax_1 - by_1$ 可得 $ax + by + c = 0$ 。

換言之，$\vec{n} = (a, b)$ 是直線 $ax + by + c = 0$ 的法線向量。

由係數就能知道法線向量的成分，真是方便。

下面的證明就用到這個性質。

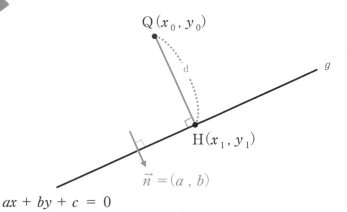

$ax + by + c = 0$

假設點 (x_0, y_0) 為 Q、直線 $ax + by + c = 0$ 為 g、點 Q 和直線 g 的距離為 d。
從 Q 向直線 g 畫出垂線 $\overline{QH}$，則

$d = \left| \overrightarrow{QH} \right|$ …①

另外，假設直線 g 的法線向量為 $\vec{n}$，由上一頁的準備可知

$\vec{n} = (a, b)$ …②

$\overrightarrow{QH}$ 和 $\vec{n}$ 平行，由向量的平行條件（134 頁）可知，存在實數 t 滿足

$\overrightarrow{QH} = t\vec{n}$ …③

將③代入①得

$d = \left| t\vec{n} \right| = |t| \left\| \vec{n} \right\| = |t| \sqrt{a^2 + b^2}$ …④

$\vec{a} = (x_a, y_a)$ 時，
$\left| \vec{a} \right| = \sqrt{x_a{}^2 + y_a{}^2}$

只要知道 $|t|$ 的值，就能求出距離 d 啊！

假設點 H 的座標為 (x_1, y_1)，則

$$\overrightarrow{QH} = \overrightarrow{OH} - \overrightarrow{OQ} = (x_1, y_1) - (x_0, y_0) = (\boldsymbol{x_1 - x_0},\ \boldsymbol{y_1 - y_0})$$

所以，由②、③可知

$$(x_1 - x_0,\ y_1 - y_0) = t(a, b) \quad \Rightarrow \quad \begin{cases} x_1 - x_0 = at \\ y_1 - y_0 = bt \end{cases}$$

$$\Rightarrow \quad \begin{cases} x_1 = at + x_0 \\ y_1 = bt + y_0 \end{cases} \quad \cdots ⑤$$

又點 $H(x_1, y_1)$ 為直線 g 上的點，所以 (x_1, y_1) 可代入 $ax + by + c = 0$。

$$ax_1 + by_1 + c = 0$$

由⑤可知

因為想要求出 $|t|$ 值，所以對 t 進行整理喔。

$$\Rightarrow \quad a(at + x_0) + b(bt + y_0) + c = 0$$
$$\Rightarrow \quad a^2 t + ax_0 + b^2 t + by_0 + c = 0$$
$$\Rightarrow \quad (a^2 + b^2)t + ax_0 + by_0 + c = 0$$
$$\Rightarrow \quad (a^2 + b^2)t = -(ax_0 + by_0 + c)$$
$$\Rightarrow \quad t = -\frac{ax_0 + by_0 + c}{a^2 + b^2} \quad \cdots ⑥$$

將⑥代入④得

$$d = \left| -\frac{ax_0 + by_0 + c}{a^2 + b^2} \right| \sqrt{a^2 + b^2}$$

$$= \frac{|ax_0 + by_0 + c|}{a^2 + b^2} \sqrt{a^2 + b^2}$$

$$= \frac{|ax_0 + by_0 + c|}{\sqrt{a^2 + b^2}^2} \sqrt{a^2 + b^2}$$

$$\Rightarrow \quad d = \frac{|\boldsymbol{ax_0 + by_0 + c}|}{\sqrt{\boldsymbol{a^2 + b^2}}}$$

$|-a| = |a|$
$a^2 + b^2 > 0 \Rightarrow |a^2 + b^2| = a^2 + b^2$
若 $x > 0$ 則 $x = \sqrt{x^2}$

（證畢）

【問題 6-5：矩陣的基礎與運算】基本

已知矩陣 $A = \begin{pmatrix} a & b \\ c & d \end{pmatrix}$ 滿足 $A\begin{pmatrix} 1 \\ 1 \end{pmatrix} = 2\begin{pmatrix} 1 \\ 1 \end{pmatrix}$、$A\begin{pmatrix} 2 \\ 3 \end{pmatrix} = 3\begin{pmatrix} 2 \\ 3 \end{pmatrix}$，試求 $A\begin{pmatrix} -1 \\ 3 \end{pmatrix} = x\begin{pmatrix} 1 \\ 3 \end{pmatrix}$ 的 x 值。

（2012 年日本防衛大學校）

 $x = 6$

 按照矩陣與向量的積（151 頁）的定義可得

$$\begin{pmatrix} a & b \\ c & d \end{pmatrix}\begin{pmatrix} x \\ y \end{pmatrix} = \begin{pmatrix} ax + by \\ cx + dy \end{pmatrix}$$

$A\begin{pmatrix} 1 \\ 1 \end{pmatrix} = 2\begin{pmatrix} 1 \\ 1 \end{pmatrix} \Rightarrow \begin{pmatrix} a & b \\ c & d \end{pmatrix}\begin{pmatrix} 1 \\ 1 \end{pmatrix} = \begin{pmatrix} 2 \\ 2 \end{pmatrix} \Rightarrow \begin{cases} a+b=2 & \cdots① \\ c+d=2 & \cdots② \end{cases}$

$A\begin{pmatrix} 2 \\ 3 \end{pmatrix} = 3\begin{pmatrix} 2 \\ 3 \end{pmatrix} \Rightarrow \begin{pmatrix} a & b \\ c & d \end{pmatrix}\begin{pmatrix} 2 \\ 3 \end{pmatrix} = \begin{pmatrix} 6 \\ 9 \end{pmatrix} \Rightarrow \begin{cases} 2a+3b=6 & \cdots③ \\ 2c+3d=9 & \cdots④ \end{cases}$

由①×3－③可得

$$\begin{array}{r} 3a+3b=6 \\ -)\ 2a+3b=6 \\ \hline a\quad\ =0 \end{array} \Rightarrow\ 代入①得\ b=2$$

由②×3－④可得

$$\begin{array}{r} 3c+3d=6 \\ -)\ 2c+3d=9 \\ \hline c\quad\ =-3 \end{array} \Rightarrow\ 代入②得\ d=5$$

因此，

$A = \begin{pmatrix} a & b \\ c & d \end{pmatrix} = \begin{pmatrix} 0 & 2 \\ -3 & 5 \end{pmatrix} \Rightarrow A\begin{pmatrix} -1 \\ 3 \end{pmatrix} = x\begin{pmatrix} 1 \\ 3 \end{pmatrix} \Rightarrow \begin{pmatrix} 0 & 2 \\ -3 & 5 \end{pmatrix}\begin{pmatrix} -1 \\ 3 \end{pmatrix} = x\begin{pmatrix} 1 \\ 3 \end{pmatrix}$

$\Rightarrow \begin{cases} 6=x \\ 3+15=3x \end{cases} \Rightarrow\ x=6$

【問題 6-6：矩陣與方程式】應用

已知矩陣 A 為 $\begin{pmatrix} -1 & 1 \\ -6 & 4 \end{pmatrix}$，回答下述問題。

1 試求滿足 $A\begin{pmatrix} 1 \\ x \end{pmatrix}=k\begin{pmatrix} 1 \\ x \end{pmatrix}$ 的兩個值 k_1、k_2。其中，$k_1<k_2$。

2 試用上題求得的 k_1、k_2，求滿足 $A\begin{pmatrix} 1 \\ x_1 \end{pmatrix}=k_1\begin{pmatrix} 1 \\ x_1 \end{pmatrix}$、$A\begin{pmatrix} 1 \\ x_2 \end{pmatrix}=k_2\begin{pmatrix} 1 \\ x_2 \end{pmatrix}$ 的 x_1、x_2。

3 令 $X=\begin{pmatrix} 1 & 1 \\ x_1 & x_2 \end{pmatrix}$，試用上題求得的 x_1、x_2 求 $X^{-1}AX$。

4 令 n 為自然數，試求 A^n。

（2009 年日本甲南大學）

---

 1 $k_1=1$、$k_2=2$　**2** $x_1=2$、$x_2=3$

3 $\begin{pmatrix} 1 & 0 \\ 0 & 2 \end{pmatrix}$　**4** $\begin{pmatrix} -2^{n+1}+3 & 2^n-1 \\ -3\cdot 2^{n+1}+6 & 3\cdot 2^n-2 \end{pmatrix}$

 1 k 為 A 的特徵值（158 頁）。令 E 為單位矩陣（154 頁），

$$A\begin{pmatrix} 1 \\ x \end{pmatrix}=k\begin{pmatrix} 1 \\ x \end{pmatrix} \Rightarrow A\begin{pmatrix} 1 \\ x \end{pmatrix}-k\begin{pmatrix} 1 \\ x \end{pmatrix}=\vec{0} \Rightarrow A\begin{pmatrix} 1 \\ x \end{pmatrix}-kE\begin{pmatrix} 1 \\ x \end{pmatrix}=\vec{0}$$

$$\Rightarrow (A-kE)\begin{pmatrix} 1 \\ x \end{pmatrix}=\vec{0}$$

若 $(A-kE)^{-1}$ 存在，則 $\begin{pmatrix} 1 \\ x \end{pmatrix}=(A-kE)^{-1}\vec{0}=\vec{0}$，產生矛盾。

因此，$(A-kE)^{-1}$ 不存在。換言之，$\det(A-kE)=0$ 。

由 $A=\begin{pmatrix} -1 & 1 \\ -6 & 4 \end{pmatrix}$ 可知，$A-kE=\begin{pmatrix} -1 & 1 \\ -6 & 4 \end{pmatrix}-k\begin{pmatrix} 1 & 0 \\ 0 & 1 \end{pmatrix}=\begin{pmatrix} -1-k & 1 \\ -6 & 4-k \end{pmatrix}$

$\det(A-kE)=0$
$\Rightarrow (-1-k)(4-k)-1\cdot(-6)=0$

> $A=\begin{pmatrix} a & b \\ c & d \end{pmatrix}$ 時
> $\det A=ad-bc$

$\Rightarrow\ k^2-3k+2=0\ \Rightarrow\ (k-1)(k-2)=0\ \Rightarrow\ k=1\ 或2$

因為 $k_1<k_2$，所以 $k_1=1$、$k_2=2$。

2 由 $k_1=1$ 可知

$$A\binom{1}{x_1}=k_1\binom{1}{x_1}\ \Rightarrow\ \begin{pmatrix}-1 & 1\\-6 & 4\end{pmatrix}\binom{1}{x_1}=1\cdot\binom{1}{x_1}\ \Rightarrow\ \begin{cases}-1+x_1=1\\-6+4x_1=x_1\end{cases}$$

$\Rightarrow\ x_1=2$

由 $k_2=2$ 可知

$$A\binom{1}{x_2}=k_2\binom{1}{x_2}\ \Rightarrow\ \begin{pmatrix}-1 & 1\\-6 & 4\end{pmatrix}\binom{1}{x_2}=2\binom{1}{x_2}\ \Rightarrow\ \begin{cases}-1+x_2=2\\-6+4x_2=2x_2\end{cases}$$

$\Rightarrow\ x_2=3$

3 由 $x_1=2$、$x_2=3$ 可知

$$X=\begin{pmatrix}1 & 1\\x_1 & x_2\end{pmatrix}=\begin{pmatrix}1 & 1\\2 & 3\end{pmatrix}\ \Rightarrow\ X^{-1}=\frac{1}{1\cdot3-1\cdot2}\begin{pmatrix}3 & -1\\-2 & 1\end{pmatrix}=\begin{pmatrix}\mathbf{3} & \mathbf{-1}\\\mathbf{-2} & \mathbf{1}\end{pmatrix}$$

$$\overset{A}{\begin{pmatrix}a & b\\c & d\end{pmatrix}}\overset{\vec{p}\ \vec{q}}{\begin{pmatrix}p & q\\r & s\end{pmatrix}}=\overset{A\vec{p}\qquad A\vec{q}}{\begin{pmatrix}ap+br & aq+bs\\cp+dr & cq+ds\end{pmatrix}}$$

$$\Rightarrow\ X^{-1}AX=\begin{pmatrix}3 & -1\\-2 & 1\end{pmatrix}\begin{pmatrix}-1 & 1\\-6 & 4\end{pmatrix}\begin{pmatrix}1 & 1\\2 & 3\end{pmatrix}$$

$$=\begin{pmatrix}3 & -1\\-2 & 1\end{pmatrix}\begin{pmatrix}-1\cdot1+1\cdot2 & -1\cdot1+1\cdot3\\-6\cdot1+4\cdot2 & -6\cdot1+4\cdot3\end{pmatrix}$$

$$=\begin{pmatrix}3 & -1\\-2 & 1\end{pmatrix}\begin{pmatrix}1 & 2\\2 & 6\end{pmatrix}$$

$$=\begin{pmatrix}3\cdot1+(-1)\cdot2 & 3\cdot2+(-1)\cdot6\\-2\cdot1+1\cdot2 & -2\cdot2+1\cdot6\end{pmatrix}=\begin{pmatrix}\mathbf{1} & \mathbf{0}\\\mathbf{0} & \mathbf{2}\end{pmatrix}$$

4 令 $P=\begin{pmatrix}1&0\\0&2\end{pmatrix}$，則

$$P^2=\begin{pmatrix}1&0\\0&2\end{pmatrix}\begin{pmatrix}1&0\\0&2\end{pmatrix}=\begin{pmatrix}1\cdot1+0\cdot0&1\cdot0+0\cdot2\\0\cdot1+2\cdot0&0\cdot0+2\cdot2\end{pmatrix}=\begin{pmatrix}1^2&0\\0&2^2\end{pmatrix}$$

$$P^3=PP^2=\begin{pmatrix}1&0\\0&2\end{pmatrix}\begin{pmatrix}1^2&0\\0&2^2\end{pmatrix}=\begin{pmatrix}1\cdot1^2+0\cdot0&1\cdot0+0\cdot2^2\\0\cdot1^2+2\cdot0&0\cdot0+2\cdot2^2\end{pmatrix}=\begin{pmatrix}1^3&0\\0&2^3\end{pmatrix}$$

$$P^4=PP^3=\begin{pmatrix}1&0\\0&2\end{pmatrix}\begin{pmatrix}1^3&0\\0&2^3\end{pmatrix}=\begin{pmatrix}1\cdot1^3+0\cdot0&1\cdot0+0\cdot2^3\\0\cdot1^3+2\cdot0&0\cdot0+2\cdot2^3\end{pmatrix}=\begin{pmatrix}1^4&0\\0&2^4\end{pmatrix}$$

經由相同的計算，明顯可知 $\boldsymbol{P^n}=\begin{pmatrix}1^n&0\\0&2^n\end{pmatrix}=\begin{pmatrix}\boldsymbol{1}&\boldsymbol{0}\\\boldsymbol{0}&\boldsymbol{2^n}\end{pmatrix}$ ……① [6] 。

另一方面，對 $X^{-1}AX=P$ 左乘 X，右乘 X^{-1}，

$$XX^{-1}AXX^{-1}=XPX^{-1}\ \Rightarrow\ EAE=XPX^{-1}\ \Rightarrow\ A=XPX^{-1}\ \cdots②$$

②的兩邊取 n 次方，

$$A^n=(XPX^{-1})^n=\overbrace{(XPX^{-1})(XPX^{-1})(XPX^{-1})\cdots\cdots(XPX^{-1})}^{\text{取 } n \text{ 次方}}$$

$$=XP\underbrace{X^{-1}X}_{E}P\underbrace{X^{-1}X}_{E}P\underbrace{X^{-1}}_{E}\cdots\underbrace{\cdots X}_{E}PX^{-1}$$

$$=XPEPEPE\cdots\cdots EPX^{-1}$$

$$=XP^nX^{-1}$$

代入①的 P^n、X、X^{-1} 的成分，得

$$X=\begin{pmatrix}1&1\\2&3\end{pmatrix}$$
$$X^{-1}=\begin{pmatrix}3&-1\\-2&1\end{pmatrix}$$

$$A^n=X\begin{pmatrix}1&0\\0&2^n\end{pmatrix}X^{-1}=\begin{pmatrix}1&1\\2&3\end{pmatrix}\begin{pmatrix}1&0\\0&2^n\end{pmatrix}\begin{pmatrix}3&-1\\-2&1\end{pmatrix}$$

$$=\begin{pmatrix}1&1\\2&3\end{pmatrix}\begin{pmatrix}1\cdot3+0\cdot(-2)&1\cdot(-1)+0\cdot1\\0\cdot3+2^n\cdot(-2)&0\cdot(-1)+2^n\cdot1\end{pmatrix}=\begin{pmatrix}1&1\\2&3\end{pmatrix}\begin{pmatrix}3&-1\\-2^{n+1}&2^n\end{pmatrix}$$

$$=\begin{pmatrix}1\cdot3+1\cdot(-2^{n+1})&1\cdot(-1)+1\cdot2^n\\2\cdot3+3\cdot(-2^{n+1})&2\cdot(-1)+3\cdot2^n\end{pmatrix}=\begin{pmatrix}-2^{n+1}+3&2^n-1\\-3\cdot2^{n+1}+6&3\cdot2^n-2\end{pmatrix}$$

---

[6] 嚴密的證明如果可使用數學歸納法，也會很簡單。

Évariste Galois (1811-1832)

在代數學歷史上閃耀的年輕巨星

在高中數學，向量會定義為有向線段、箭頭，但在大學數學裡的向量未必為箭頭。例如，我現在身高 175 公分、體重 80 公斤（太胖了）、年齡 43 歲，僅排列數字的（175, 80, 43）也可想作是向量。擴張向量的成分表示，**單純的數字組合也當作向量來處理。**

使用向量與複數向量集結的矩陣，這樣的數學為**線性代數（linear algebra）**。線性代數在物理學、經濟學、統計學等是不可欠缺的，作為便利的道具廣泛應用於各方面。

代數學（algebra）如同其名，是**以文字代替數字來研究方程式一般化解法**的數學領域之一。在代數學的歷史上，有位留下巨大功績，卻命運悲舛的天才數學家，他就是法國的**埃瓦里斯特・伽羅瓦（1811-1832）**。

在 16 世紀的義大利，發現了三次方程式、四次方程式的公式解，使得全世界的數學家爭相探求五次方程式的公式解。然而實際上，並沒有五次方程式的公式解。率先證明這件事的是挪威的**尼爾斯・阿貝爾（Niels Abel，1802-1829）**，這是發現四次方程式公式解約三百年後的事情。

公式解存在，表示可經由反覆數次四則運算和平方根、立方根等「方跟」的操作，求得方程式的解。這樣的解法稱為「代數解法」。

伽羅瓦運用當時尚未確立的思維──**群（group）**，成功找到任意次數方程式可以代數求解的充分必要條件。這是敞開通往現代數學的偉業。

伽羅瓦是絕世的天才數學家，也以命途多舛的人生而聞名。他因參與政治性活動遭到學校退學、多次被逮捕入獄，最後因決鬥戰敗而結束短短二十歲的人生。

伽羅瓦在決鬥的前晚寫了一封信給友人，信中最後潦草寫道他死後 50 年才終於實現的數學構想，以及「我已經沒有時間了」*。若是伽羅瓦與一般人壽命相同，數學的歷史肯定跟現在大有不同。

*審訂者註：在信中，他彙整畢生的研究成果，由於決鬥必死，因此，他慨嘆沒有時間了。

【問題 6-7：一次變換】基本

已知 a、b、c、d 為實數。一次變換是指，座標平面上任意點 (x, y) 移動到相同平面上的點 (X, Y)，此變換規則可表示為

$$\begin{pmatrix} X \\ Y \end{pmatrix} = \begin{pmatrix} a & b \\ c & d \end{pmatrix} \begin{pmatrix} x \\ y \end{pmatrix}$$

此時，矩陣 $\begin{pmatrix} a & b \\ c & d \end{pmatrix}$ 稱為一次變換矩陣。

關於下述變換，若為一次變換，則求該一次變換矩陣；若不為一次變換，則敘述其理由。

❶ 座標平面上任意點移動到自己本身。

❷ 座標平面上任意點移動到關於直線 $y = -x$ 的對稱點。

❸ 座標平面上任意點僅往 x 軸方向移動 2、y 軸方向移動 4。

（2013 年日本富士縣立大學）

解答 **1** $\begin{pmatrix} 1 & 0 \\ 0 & 1 \end{pmatrix}$ **2** $\begin{pmatrix} 0 & -1 \\ -1 & 0 \end{pmatrix}$ **3** 略（參見解說）

解說 已知點 (x, y) 移動到點 (X, Y)。

1 任意點移動到自己本身，可如下表示：

$$\begin{pmatrix} X \\ Y \end{pmatrix} = \begin{pmatrix} x \\ y \end{pmatrix} = \begin{pmatrix} 1 \cdot x + 0 \cdot y \\ 0 \cdot x + 1 \cdot y \end{pmatrix} = \begin{pmatrix} \mathbf{1} & \mathbf{0} \\ \mathbf{0} & \mathbf{1} \end{pmatrix} \begin{pmatrix} \boldsymbol{x} \\ \boldsymbol{y} \end{pmatrix}$$

因此，這是一次變換，而一次變換矩陣為 $\begin{pmatrix} 1 & 0 \\ 0 & 1 \end{pmatrix}$。

2 任意點移動到關於直線 $y = -x$ 的對稱點，可如下表示[*7]：

$$\begin{pmatrix} X \\ Y \end{pmatrix} = \begin{pmatrix} -y \\ -x \end{pmatrix} = \begin{pmatrix} 0 \cdot x + (-1) \cdot y \\ (-1) \cdot x + 0 \cdot y \end{pmatrix} = \begin{pmatrix} \mathbf{0} & \mathbf{-1} \\ \mathbf{-1} & \mathbf{0} \end{pmatrix} \begin{pmatrix} \boldsymbol{x} \\ \boldsymbol{y} \end{pmatrix}$$

[*7] 直觀理解可參見下一頁的圖。嚴格來講，需要使用 (x, y) 和 (X, Y) 的連線斜率為 1，且其終點落於 $y = -x$ 上來求得。

因此，這是一次變換，而一次變換矩陣為 $\begin{pmatrix} 0 & -1 \\ -1 & 0 \end{pmatrix}$。

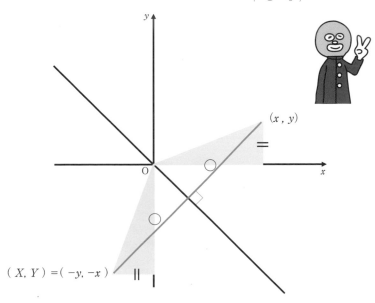

3 點 (x,y) 僅往 x 軸方向移動 2、y 軸方向移動 4，可如下表示：

$$\begin{pmatrix} X \\ Y \end{pmatrix} = \begin{pmatrix} x+2 \\ y+4 \end{pmatrix} \quad \cdots ③$$

若為一次變換，則可用適當的矩陣 $\begin{pmatrix} a & b \\ c & d \end{pmatrix}$ 表示成 $\begin{pmatrix} X \\ Y \end{pmatrix} = \begin{pmatrix} a & b \\ c & d \end{pmatrix} \begin{pmatrix} x \\ y \end{pmatrix}$，代入③得

$$\begin{pmatrix} x+2 \\ y+4 \end{pmatrix} = \begin{pmatrix} a & b \\ c & d \end{pmatrix} \begin{pmatrix} x \\ y \end{pmatrix} \quad \cdots ④$$

④必須對於任意 $\begin{pmatrix} x \\ y \end{pmatrix}$ 皆成立，但

$\begin{pmatrix} x \\ y \end{pmatrix} = \begin{pmatrix} 0 \\ 0 \end{pmatrix}$ 時，④為 $\begin{pmatrix} 2 \\ 4 \end{pmatrix} = \begin{pmatrix} a & b \\ c & d \end{pmatrix} \begin{pmatrix} 0 \\ 0 \end{pmatrix} = \begin{pmatrix} 0 \\ 0 \end{pmatrix}$，明顯不成立。

因此，任意點僅往 x 軸方向移動 2、y 軸方向移動 4 不為一次變換。

【問題補-1：複數平面的基礎】 基本

已知 $\left(\alpha+\dfrac{1}{\overline{\alpha}}\right)\left(\overline{\alpha}+\dfrac{1}{\alpha}\right)=4$ ，試求複數 α 的絕對值 $|\alpha|$ 。

（2014 年日本東京電機大學）

解答 $|\alpha|=1$

解說

$$\left(\alpha+\frac{1}{\overline{\alpha}}\right)\left(\overline{\alpha}+\frac{1}{\alpha}\right)=4$$

$$\Rightarrow \quad \alpha\overline{\alpha}+\alpha\cdot\frac{1}{\alpha}+\frac{1}{\overline{\alpha}}\cdot\overline{\alpha}+\frac{1}{\overline{\alpha}\alpha}=4$$

$$\Rightarrow \quad |\alpha|^2+1+1+\frac{1}{|\alpha|^2}=4$$

$$\Rightarrow \quad |\alpha|^2+\frac{1}{|\alpha|^2}=2$$

$$\Rightarrow \quad \left(|\alpha|^2+\frac{1}{|\alpha|^2}\right)\times|\alpha|^2=2\times|\alpha|^2$$

$$\Rightarrow \quad |\alpha|^4+1=2|\alpha|^2$$

$$\Rightarrow \quad |\alpha|^4-2|\alpha|^2+1=0$$

$$\Rightarrow \quad \left(|\alpha|^2-1\right)^2=0$$

$$\Rightarrow \quad |\alpha|^2-1=0$$

因為 $|\alpha|\geqq 0$ ，所以 $|\alpha|=1$ 。

根據複數絕對值（170頁）的定義 $|\alpha|=\sqrt{\alpha\overline{\alpha}}\Leftrightarrow|\alpha|^2=\alpha\overline{\alpha}$

$a^2-2ab+b^2$
$=(a-b)^2$

【問題補-2：複數的極式】 應用

　　已知 $0 < \theta < 90$、a 為正數，複數平面上的點 z_0、z_1、z_2 ......滿足條件(a)、(b)：

　　(a) $z_0 = 0$、$z_1 = a$

　　(b) $n \geq 1$ 時，點 $z_n - z_{n-1}$ 繞原點 $\theta°$ 後會與點 $z_{n+1} - z_n$ 一致。

試證存在 n 滿足點 z_n（$n \geq 1$）與點 z_0 重合的充分必要條件是 θ 為有理數。

（2002 年日本京都大學）

解答 略（參見解説）

解説 如同表示旋轉的複數（173 頁）所學，令

$$w = \cos \theta° + i \sin \theta° \quad \cdots ①$$

複數乘上 w 表示，在複數平面上繞原點旋轉 $\theta°$。因此，由題意可知

$$z_{n+1} - z_n = w(z_n - z_{n-1})$$

假設

$$z_{n+1} - z_n = b_n \quad \cdots ②$$

則

$$b_n = w b_{n-1} \quad \cdots ③$$

③表示數列 $\{b_n\}$ 是公比為 w 的等比數列，所以

$$b_n = b_0 w^n = (z_1 - z_0) w^n = (a - 0) w^n = a w^n$$
$$\Rightarrow \quad b_n = a w^n \quad \cdots ④$$

不是 $b_n = b_1 w^{n-1}$ 嗎？

由本題給予的 z_0 能夠定義 $b_0 = z_1 - z_0$，所以首項是 b_0 啊。下面的階差數列公式，$\sum$ 從 $k=0$ 開始計算也是同樣的理由喔。

由②可知，$\{b_n\}$ 是 $\{z_n\}$ 的階差數列（121 頁），所以

$$z_n = z_0 + \sum_{k=0}^{n-1} b_k$$

代入④得

$$z_n = 0 + \sum_{k=0}^{n-1} aw^k = a \sum_{k=0}^{n-1} w^k = a(w^0 + w^1 + w^2 + \cdots\cdots + w^{n-1})$$

現在，w 是表示旋轉的複數且非恆等變換，所以 $w \neq 1$。注意 $w^0 = 1$，由**等比級數的公式**（114 頁）可知

$$z_n = a \frac{1 - w^n}{1 - w} \quad \cdots ⑤$$

等比級數的公式：
$$\text{首項} \frac{1 - \text{公比}^{\text{項數}}}{1 - \text{公比}}$$

【「存在 n 滿足 $z_n = z_0 \Rightarrow \theta$ 為有理數」的證明】

假設存在 n 滿足 $z_n = z_0$，也就是 $a\dfrac{1 - w^n}{1 - w} = 0$，則

$$1 - w^n = 0 \quad \Rightarrow \quad w^n = 1$$

由①可知

$$(\cos \theta° + i \sin \theta°)^n = 1$$

再由棣美弗公式（174 頁）可得

$$(\cos \theta + i \sin \theta)^n = \cos n\theta + i \sin n\theta$$

$$\cos n\theta° + i \sin n\theta° = 1$$
$$\Rightarrow \quad \cos n\theta° + i \sin n\theta° = 1 + i\cdot0$$
$$\Rightarrow \quad \begin{cases} \cos n\theta° = 1 \\ \sin n\theta° = 0 \end{cases}$$
$$\Rightarrow \quad n\theta° = 360° \times k \quad （k \text{ 為整數}）$$
$$\Rightarrow \quad \theta = \frac{360k}{n} \quad （k \text{ 為整數}）$$

因此，θ 為有理數。

【「θ 為有理數 $\Rightarrow$ 存在 n 滿足 $z_n = z_0$」的證明】

相反地，**假設 θ 為有理數**，因為 $0 < \theta < 90$，可使用自然數 p、q 如下表示：

$$\theta = \frac{p}{q} \quad \Rightarrow \quad q\theta = p \quad \Rightarrow \quad 360q\theta = 360p$$

所以，

$$w^{360q} = (\cos \theta° + i \sin \theta°)^{360q}$$
$$= \cos (360q\theta)° + i \sin (360q\theta)°$$
$$= \cos (360p)° + i \sin (360p)° = 1$$

因此，$n = 360q$ 時，$w^n = 1$，由⑤可得

$$z_n = a\frac{1-w^n}{1-w} = a\frac{1-1}{1-w} = 0 = z_0$$

換言之，存在 n 滿足 $z_n = z_0$。

綜上所述，**存在 n 滿足點 z_n（$n \geq 1$）與點 z_0 重合的充分必要條件是 θ 為有理數**。

（證畢）

索 引

Note

國家圖書館出版品預行編目（CIP）資料

數學圖鑑：擺脫挫折、提升數感，用圖像記憶取代
死背公式/永野裕之作；衛宮紘譯.
-- 初版. -- 新北市：世茂出版有限公司，2021.04
面；　公分. --（數學館；37）

ISBN 978-986-5408-49-7（平裝）

1.數學教育　2.中等教育

524.32　　　　　　　　　　　110001196

數學館 37

數學圖鑑：擺脫挫折、提升數感，用圖像記憶取代死背公式

作　　　者／永野裕之
審 訂 者／洪萬生
譯　　　者／衛宮紘
主　　　編／楊鈺儀
責任編輯／陳怡君
封面設計／LEE
出 版 者／世茂出版有限公司
地　　　址／（231）新北市新店區民生路 19 號 5 樓
電　　　話／（02）2218-3277
傳　　　真／（02）2218-3239（訂書專線）
　　　　　　單次郵購總金額未滿 500 元（含），請加 80 元掛號費
劃撥帳號／19911841
戶　　　名／世茂出版有限公司
世茂網站／www.coolbooks.com.tw
排版製版／辰皓國際出版製作有限公司
印　　　刷／傳興彩色印刷有限公司
初版一刷／2021 年 4 月
　　三刷／2024 年 5 月
ＩＳＢＮ／978-986-5408-49-7
定　　　價／380 元

SUGAKU ZUKAN: YARINAOSHI NO KOKO SUGAKU
by Hiroyuki Nagano
Copyright © 2018 Hiroyuki Nagano
Traditional Chinese translation rights in complex characters by arrangement
with Ohmsha, Ltd.
through Japan UNI Agency, Inc., Tokyo